실전회화를 함께 학습하는

실용

중국어

회화

동인랑

머리말

본 교재로 중국어 학습에 임하는 여러분들을 진심으로 환영하고 축복합니다.

중국은 G2의 국가로 一带一路(일대일로) 정책을 통해 세계 60여 개국의 국가들과 실크로드를 펼쳐나가고 있습니다. 특히, 21세기의 중국은 고속철, 우주산업, 신소재 및 반도체, 의료계열 등 여러 분야에서 이미 눈부신 발전을 거듭하며 강대국으로 부상하였습니다. 이러한 시기에 그 나라의 언어를 공부한다는 것은 미래 사회에서의 경쟁력을 갖추고 또 다른 비전을 꿈꾸는 것이라고 보아도 과언이 아닐 것입니다.

본 교재는 실제적이고 현실감 있는 중국 현지의 내용을 담아냈습니다. 중국 국제학교에서 근무하고 있는 중국인 선생님들과 한국의 중국어 선생님들이 공동으로 연구하여 집필하였는데, 실제 상황에서 사용될 수 있는 주제들을 선정하여 여러분이 중국 현지에 갔을 때 실전적으로 '通'하는 의사소통을 함양하는데 주안점을 두었습니다.

본 교재는 HSK 4~5급 수준의 중급 학습자들을 대상으로 회화 학습과 HSK 시험을 함께 준비할 수 있도록 구성되었습니다. 교통, 음식, 쇼핑, 은행으로 각 주제를 선정하여 해당 상황에서 대화할 수 있는 회화문을 제공하여 地道적인 언어를 구사할 수 있도록 하였습니다.

교재의 구성으로는 단원별 3개의 주제를 선정하였고, 주제별로는 각각 2~3개의 본문이 수록되어 있습니다. 아울러 과의 마지막에는 본문에서 학습한 내용을 바탕으로 HSK 문제 유형의 연습문제를 제공하였고, 단원의 마지막에는 문화 소개의 내용을 통해 중국의 문화를 폭넓게 이해할 수 있도록 하였습니다.

여러분이 앞으로 살아가는 미래 사회에는 중국어를 사용할 기회가 매우 많을 겁니다. 이 교재를 통해 중국어를 배운 여러분들이 중국의 넓은 대륙을 무대로 다양한 영역에서 자신의 중국어 실력을 마음껏 발휘하여 炉火纯青* 하기를 기원합니다.

* 炉火纯青(lú huǒ chún qīng) 학문, 기술, 일 따위의 수준이 최고봉에 이르다.

저자 일동

차례

인물소개

大龙: 男生, 大学中文系大一学生 (中国人)

따롱: 남자, 대학교 중문학과 1학년 학생 (중국인)

凯特: 女生, 在中国大学学习汉语的交换生
(美国人)

케이트: 여자, 중국의 대학교에서 중국어를 공부
하는 교환학생 (미국인)

金艺元: 女生, 在中国留学多年, 是个"中国通"
(韩国人)

김예원: 여자, 중국에서 다년간 유학하고 있는 중국통
(한국인)

嘉恒: 男生, 大学中文系大一学生 (中国人)

지아헝: 남자, 대학교 중문학과 1학년 학생 (중국인)

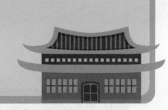

交通篇

교통편

단원주제 单元话题	대중 교통수단에 대해 이야기하기 (지하철/고속열차/택시) Tán gōnggòng jiāotōnggōngjù(dìtiě / gāotiě / chūzūchē) 谈公共交通工具（地铁/高铁/出租车）
학습목표 学习目标	지하철, 열차, 택시 등 교통 수단을 이용할 때 쓰는 용어를 파악하고, 활용할 수 있게 학습하기 Zhǎngwò chéngzuò dìtiě、huǒchē、chūzūchē děng jiāotōnggōngjù de yòngyǔ, huì chéngzuò xiāngguān jiāotōng gōngjù 掌握乘坐地铁、火车、出租车等交通工具的用语, 会乘坐相关交通工具
핵심어휘 重点词语	fùjìn | huànchéng | chūkǒu | shuā | yùdìng | gǎiqiān | tuìpiào | gāofēngqī | dǎchē | tíng 附近 | 换乘 | 出口 | 刷 | 预订 | 改签 | 退票 | 高峰期 | 打车 | 停
어법포인트와 문형 语法点或句型	děi | xiān......ránhòu...... | V+qǐlai | V+yíxià(r) | yīnggāi 得 | 先......然后...... | V+起来 | V+一下(儿) | 应该 A shì A,　　dànshì / kěshì / jiùshì...... | V+deliǎo/buliǎo | hǎo | wànyī | zuǒyòu A是A，但是/可是/就是...... | V+得了/不了 | 好 | 万一 | 左右 gǎn | yìdiǎnr/yǒudiǎnr | jǐnliàng | gūjì | kào 赶 | 一点儿/有点儿 | 尽量 | 估计 | 靠

Warm-up 热身(导入) ⋯⋯⋯⋯⋯⋯⋯⋯⋯⋯⋯⋯⋯⋯⋯⋯⋯⋯⋯ 🎧 01_01.mp3

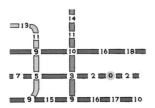

线路图 xiànlùtú
노선도

1号线 yīhàoxiàn
1호선

地铁站 dìtiězhàn
지하철역

地铁卡 dìtiěkǎ
지하철 카드

地铁安检 dìtiě' ānjiǎn
지하철 안전검사

自动售票机 zìdòng shòupiàojī
자동발권기

생각해 보기

1. Nǐ zuì chángyòng de jiāotōng fāngshì shì shénme?
你最常用的交通方式是什么?
당신이 가장 많이 사용하는 교통수단은 무엇입니까?

2. Nǐ zài Zhōngguó chéngzuò guò dìtiě ma?
你在中国乘坐过地铁吗?
당신은 중국에서 지하철을 타 본적이 있나요?

Nǐ zhīdào zěnme mǎi dìtiěpiào ma?
你知道怎么买地铁票吗?
어떻게 지하철 표를 사는지 알고 있나요?

生词

🎧 01_02.mp3

본문 1

附近	fùjìn	부근, 근처	线路图	xiànlùtú	노선표
地铁站	dìtiězhàn	지하철역	随时	suíshí	수시(로), 언제나
沿着	yánzhe	…을 따라서[끼고]	方向	fāngxiàng	방향
号线	hàoxiàn	(지하철) 호선	热心	rèxīn	열성적이다, 친절하다
换乘	huànchéng	갈아타다	提醒	tíxǐng	일깨우다, 깨우치다

본문 2

自动售票机	zìdòng shòupiàojī	자동발권기 무인발권기	二维码	èrwéimǎ	QR코드
人工	réngōng	인력 (으로 하는 일)	进站	jìnzhàn	역(승강장)으로 들어가다
窗口	chuāngkǒu	창구	候车厅	hòuchētīng	대합실, 대기실
下载	xiàzài	(파일 등을) 다운로드(하다)	出口	chūkǒu	출구
刷	shuā	스캔하다, 스와이프하다	电梯	diàntī	엘리베이터

课文 ①

🎧 01_03.mp3

 **Dàlóng 大龙**

Qǐngwèn, fùjìn yǒu dìtiězhàn ma?
请问，附近有地铁站吗？

 **Lùrén 路人**

Yánzhe zhètiáo lù wǎngqiánzǒu yìbǎi mǐ jiùshì Tǔchéngzhàn.
沿着这条路往前走100米就是土城站。

Qǐngwèn shì jǐ hào xiàn? Néng dào Tiānjīnzhàn ma?
请问是几号线？能到天津站吗？

Nà shì yī hàoxiàn.
那是1号线。

Yī hàoxiàn bú dào Tiānjīnzhàn, nǐ děi zài Yíngkǒudàozhàn huànchéng sān hàoxiàn.
1号线不到天津站，你得在营口道站换乘3号线。

Tǔchéngzhàn shàngchē, xiān zuò yī hàoxiàn dào Yíngkǒudàozhàn, ránhòu huànchéng sān hàoxiàn,
土城站上车，先坐1号线到营口道站，然后换乘3号线，

Tiānjīnzhàn xiàchē, duì ba?
天津站下车，对吧？

Duì, chēzhàn lǐ yǒu dìtiě xiànlùtú, nǐ suíshí kěyǐ kàn.
对，车站里有地铁线路图，你随时可以看。

shàngchē de shíhou zhùyì fāngxiàng, búyào zuòfǎn le.
上车的时候注意方向，不要坐反了。

Nín zhēn rèxīn, xièxie nín de tíxǐng.
您真热心，谢谢您的提醒。

따롱 말씀 좀 물을게요, 근처에 지하철역이 있어요?

행인 이 길을 따라 앞으로 100미터만 가면 바로 투청(토성) 지하철역이에요.

따롱 몇 호선인지요? 티엔진(천진)역에 갈 수 있나요?

행인 1호선이에요. 1호선은 티엔진역까지 안가고, 잉커우루(영구)역에서 3호선으로 갈아타야 해요.

따롱 투청역에서 먼저 1호선을 타고 잉커우루역까지 간 후, 3호선으로 환승해서 티엔진역에서 내리면 되는 거, 맞죠?

행인 네. 지하철역 안에 노선표가 있어서 언제든지 볼 수 있어요. 탈 때에는 방향에 주의하시고 반대방향으로 타지 마세요.

따롱 정말 친절하시네요. 알려 주셔서 감사합니다.

课文 2

 01_04.mp3

Kǎitè
凯特

Qǐngwèn, zài nǎr mǎi dìtiěpiào?
请问，在哪儿买地铁票？

Gōngzuòrényuán
工作人员

Zhèbiān yǒu zìdòng shòupiàojī, nàbiān yǒu réngōng chuāngkǒu, dōu kěyǐ mǎi piào.
这边有自动售票机，那边有人工窗口，都可以买票。

Kěyǐ yòng shǒujī ma?
可以用手机吗？

Kěyǐ, nǐ děi xiān xiàzài Tiānjīn dìtiě APP, ránhòu shuā shǒujī èrwéimǎ
可以，你得先下载天津地铁APP，然后刷手机二维码
jìnzhàn.
进站。

Tīngqǐlái hěn fāngbiàn, wǒ shì yíxià. Xiàzài hǎo le.
听起来很方便，我试一下。下载好了。
（二十分钟后 èrshí fēnzhōng hòu）

Qǐngwèn, wǒ xiǎng qù Tiānjīnzhàn hòuchētīng, yīnggāi zǒu nǎ ge chūkǒu?
请问，我想去天津站候车厅，应该走哪个出口？

Shàng diàntī hòu cóng B kǒu chūqù jiù dào le.
上电梯后从B口出去就到了。

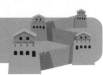

케이트 말씀 좀 물을게요, 어디에서 지하철 표를 사나요?

직원 여기에 있는 자동발권기와 저쪽에 있는 매표소에서 모두 살 수 있어요.

케이트 핸드폰 결재로 구입할 수 있나요?

직원 네, 먼저 티엔진 메트로 앱을 다운로드 한 다음 QR코드를 스캔해서 역으로 들어가세요.

케이트 엄청 편리한 것 같네요. 한번 해 볼게요. 다운받았어요.

(20분 후)

케이트 실례해요, 티엔진역 대합실에 가고 싶은데, 어느 출구로 가야 하나요?

직원 먼저 엘리베이터를 타신 후 B 출구로 나가시면 바로 도착할 수 있어요.

句型与语法

1 得 ~해야 한다

여기서 得는 děi로 발음해야 하며 도리상, 사실상 혹은 의지의 필요를 나타낸다. "~해야 한다"의 뜻을 가지며 "마땅히, 반드시"의 의미가 있다. 부정형식은 "不用, 用不着"를 사용하고, 회화에서 많이 사용한다.

得 dé 는 동사 "얻다, 획득하다"의 의미로 쓰이고, 得 de 는 동사 뒤에서 가능을 나타내거나 동사나 형용사 뒤에 쓰여 결과나 정도를 나타내는 보어로 사용되기도 한다.

Yào xuéhǎo yóuyǒng, nǐ děi měitiān liànxí.
① 要学好游泳，你得每天练习。　수영을 잘 하려면, 넌 매일 연습해야 해.

Nǐ děi kuài diǎnr le,　yàobù chídào le.
② 你得快点儿了，要不迟到了。　좀 서둘러야 해, 안 그러면 늦을 거야.

*游泳 yóuyǒng 수영하다
*迟到 chídào 지각하다

2 先……然后…… 그런 후에~

두 가지 일이나 상황이 선후로 발생한 것을 나타낸다. 때로는 "然后" 뒤에 이어 "再, 又, 还"등을 사용한다.

Zhècì lǚxíng wǒ xiān qù le Běijīng,　ránhòu yòu qù le Shànghǎi.
① 这次旅行我先去了北京，然后又去了上海。
이번 여행에서 나는 먼저 베이징(북경)에 갔다가, 다시 상하이(상해)에 갔다.

Hànyǔ yìbān xiān xuéxí pīnyīn,　ránhòu zài xuéxí Hànzì.
② 汉语一般先学习拼音，然后再学习汉字。
중국어는 일반적으로 병음을 먼저 배우고, 그 다음에 한자를 배운다.

*旅行 lǚxíng 여행(하다)

3 V+起来 ~하니

동사 뒤에 쓰여, 어림 짐작하거나 어떤 일에 대한 인상이나 견해를 나타낸다. 단독으로 문장에 들어갈 수 있고, 문장의 전반부에 놓을 수도 있다. 중간에 "得, 不"를 추가할 수 없다.

Zhè shǒu gē tīngqǐlái hěn shúxī.
① 这首歌听起来很熟悉。　　　이 노래는 익숙하게 들린다.

Shuōqǐlái róngyì zuòqǐlái nán.
② 说起来容易做起来难。　　　말하기는 쉬워도, 행하기는 어렵다.

*熟悉 shúxī 숙지하다

句型与语法

4　V+一下(儿)　한번 ~해보다

양사로 "한번"이라는 의미를 가질 경우, 동사 뒤에서 어감을 완화하고, 예의 바르게 시도하거나 요청하는 등의 깊은 의미를 가진다.　부사로 "짧은 시간 내에", "빠르게", "곧바로", "신속하게"의 의미를 가지는 경우 "一下子"와 같은 의미이며, 부사어 위치에 놓는다.

Tài rè le,　　néng kāi yíxiàr kōngtiáo ma?
① 太热了，能开一下儿空调吗？　너무 더운데, 에어컨 좀 틀어 주시겠어요?

Qǐng děng yíxiàr,　　tā mǎshàng jiù xiàlái.
② 请等一下儿，他马上就下来。　잠시만 기다리시면, 금방 내려올거에요.

*空调 kōngtiáo 에어컨

5　应该　마땅히

도리상 반드시 이러해야 하는 것을 나타낸다. 단독으로 질문의 대답으로 사용할 수 있고, 부정형식은 "不应该"를 사용한다.

Wǒmen shì péngyou, hùxiāng bāngzhù shì yīnggāi de.
① 我们是朋友，互相帮助是应该的。　우리는 친구니까, 서로 돕는 건 당연한 것이다.

Xuéshēng yīnggāi yǎngchéng liánghǎo de xuéxí xíguàn.
② 学生应该养成良好的学习习惯。　학생들은 마땅히 좋은 학습 습관을 길러야 한다.

*互相 hùxiāng 서로, 상호
*养成 yǎngchéng 양성하다, 기르다
*良好 liánghǎo 양호하다, 좋다

选词填空 괄호 안에 들어갈 알맞은 단어를 고르시오.

A 刷	B 提醒	C 随时	D 换乘	E 沿着

01. 去天津站,要先坐1号线, 然后(　　　　)3号线。

02. 现在(　　　　)手机就可以进站坐地铁，真是太方便了。

03. 如果有什么问题可以(　　　　)联系我。

04. 司机(　　　　)乘客下车时要拿好行李。

05. (　　　　)这条路往前走100米就是土城地铁站。

排列顺序 문장순서에 맞게 배열하시오.

06. A. 也可以在人工窗口买票

　　 B. 你可以在自动售票机上买票

　　 C. 都非常方便　　　　　　　　　(　　　　　)

07. A. 想去天津站的话

　　 B. 然后再换乘3号线

　　 C. 你得先坐1号线　　　　　　　(　　　　　)

完成对话 괄호 안의 단어를 사용하여 대화의 내용을 완성하시오.

08. A: 这次旅行你们都去了什么地方？

   B: _____。(先…… 然后……)

09. A: 现在，用手机坐地铁、坐公交、打车都没有问题。

   B: _____。(听起来)

根据课文内容判断对错 본문 내용에 근거하여 맞으면 O를, 틀리면 X를 표시하시오.

10. 大龙不用换乘地铁就可以到天津站。(　　　　)

11. 在地铁站里的人工窗口买票也可以。(　　　　)

12. 凯特觉得刷手机坐地铁很方便。(　　　　)

*연습문제의 자세한 정답과 완성된 문장의
한어병음 및 해석은 뒤 부록에 실려있습니다.

제1과 연습문제 정답

01. D	02. A	03. C
04. B	05. E	06. BAC
07. ACB	08. (예시)我们先去了上海，然后去了杭州。	09. (예시)听起来很方便。
10. X	11. O	12. O

第二课 | 기차역에서 고속철도 표를 발권할 때 쓰는 표현, 인터넷으로 예매한 표를 찾거나 변경 및 환불할 때 쓰는 표현과 관련된 대화

Warm-up 热身(导入) ·· 🎧 02_01.mp3

高铁 gāotiě
고속철도

卧铺 wòpù
침대열차

进站口 jìnzhànkǒu
개찰구

站台 zhàntái
역 플랫폼

火车票 huǒchēpiào
기차표

检票 jiǎnpiào
표 검사

생각해 보기

1. Nǐ zhīdào Zhōngguó zuì kuài de huǒchē sùdù shì duōshǎo ma?

你知道中国最快的火车速度是多少吗?

당신은 중국에서 가장 빠른 기차의 속도가 얼마인지 알고 있나요?

2. Nǐ zhīdào zěnme gòumǎi huǒchēpiào ma?

你知道怎么购买火车票吗?

당신은 기차표를 어떻게 사는지 알고 있나요?

生词

본문 1

火	huǒ	인기 있다
展览	zhǎnlǎn	전람회, 전시회
可惜	kěxī	섭섭하다, 아쉽다
高铁	gāotiě	고속철도
直接	zhíjiē	직접(의), 직접적(인)

提前	tíqián	(예정된 시간이나 기한을) 앞당기다
网站	wǎngzhàn	(인터넷) 웹 사이트
预订	yùdìng	예약하다
取	qǔ	가지다, 찾다, 얻다
退票	tuìpiào	표를 환불하다

본문 2 · 3

趟	tàng	차례, 번 [사람이나 차의 왕래하는 횟수를 나타냄]
座	zuò	자리, 좌석
一等座	yīděngzuò	1등석
二等座	èrděngzuò	2등석
商务座	shāngwùzuò	비즈니스석
儿童	értóng	어린이, 아동
免票	miǎnpiào	무료 입장권, 무임 승차권, 우대권
座位	zuòwèi	자리, 좌석

半价	bànjià	반값
成人	chéngrén	성인, 어른
改签	gǎiqiān	(발권)표 변경
百分之	bǎifēnzhī	퍼센트
收	shōu	(물건을) 거두어들이다, 되찾다

课文 ①

🎧 02_03.mp3

Dàlóng
大龙

Zhè ge zhōumò Běijīng yǒu ge hěn huǒ de zhǎnlǎn, xiǎng qù kànkan ma?
这个周末北京有个很火的展览，想去看看吗？

Yìyuán
艺元

Xiǎng shì xiǎng, kěshì qùbuliǎo a.　　Zhōumò yào zhǔnbèi kǎoshì.
想是想，可是去不了啊。周末要准备考试。

Tài kěxī le.　　Wǒ hái xiǎng hé nǐ yìqǐ qù ne.
太可惜了。我还想和你一起去呢。

Bùhǎoyìsi,　　zhè ge kǎoshì hěn zhòngyào. Xiàcì ba,　　xiàcì yìqǐ qù.
不好意思，这个考试很重要。下次吧，下次一起去。

Duì le,　　zěnme qù Běijīng bǐjiào fāngbiàn?
对了，怎么去北京比较方便？

Zuò gāotiě a,　　bàn ge xiǎoshí jiù dào le.
坐高铁啊，半个小时就到了。

Wǒ zhíjiē qù huǒchēzhàn mǎi piào shàng chē kěyǐ ma?
我直接去火车站买票上车可以吗？

Yīnggāi méi wèntí.　　Tiānjīn dào Běijīng de gāotiě hǎo duō ne.
应该没问题。天津到北京的高铁好多呢。

Nǐ rúguǒ bú fàngxīn,　　yě kěyǐ tíqián zài wǎngzhàn shang yùdìng.
你如果不放心，也可以提前在网站上预订。

Dào shíhou,　　ná zhe hùzhào qù shòupiàotīng de chuāngkǒu qǔpiào jiù xíng.
到时候，拿着护照去售票厅的窗口取票就行。

Wànyī wǎngshàng dìng wán piào bù xiǎng qù le zěnme bàn?
万一网上订完票不想去了怎么办？

Méi guānxi,　　nǐ kěyǐ tuìpiào.
没关系，你可以退票。

Wǒ háishì qù huǒchēzhàn mǎi piào ba.
我还是去火车站买票吧。

따롱 이번 주말에 베이징(북경)에서 아주 인기 있는 전시회가 있는데, 나랑 같이 보러 갈래?

예원 가고 싶긴 한데, 갈 수가 없어. 주말에 시험준비 해야 해.

따롱 정말 아쉽다. 너랑 그래도 같이 가고 싶은데.

예원 미안한데, 이번 시험이 정말 중요하거든. 다음에. 다음엔 같이 갈게.

따롱 알았어. 베이징으로 어떻게 가는 게 좀 편할까?

예원 고속열차를 타. 30분이면 도착해.

따롱 바로 기차역으로 가서, 표를 구입해서 기차에 타도 되는 거지?

예원 아마 괜찮을거야. 티엔진에서 베이징으로 가는 고속열차는 아주 많아. 불안하면, 웹 사이트에서 미리 예매하고 가도 돼. 도착해서, 여권을 갖고 매표소의 수령창구로 가서 표를 받으면 바로 돼.

따롱 만약 인터넷으로 예매한 후에 가고 싶지 않으면 어떻게 해?

예원 괜찮아. 환불할 수 있어.

따롱 아무래도 난 기차역으로 가서 표를 사야겠어.

课文 2

Dàlóng
大龙

Nín hǎo, wǒ xiǎng mǎi qù Běijīng de huǒchēpiào.
您好，我想买去北京的火车票。

Shòupiàoyuán
售票员

Jǐ diǎn de?
几点的？

Lí xiànzài zuìjìn de chē shì jǐ diǎn de?
离现在最近的车是几点的？

Shí yī diǎn yǒu yítàng, lí kāichē háiyǒu bàn ge xiǎoshí, kěyǐ ma?
11点有一趟，离开车还有半个小时，可以吗？

Kěyǐ.
可以。

Nǐ yào èrděngzuò, yīděngzuò háishi shāngwùzuò?
你要二等座、一等座还是商务座？

Qǐngwèn, értóng xūyào mǎi piào ma?
请问，儿童需要买票吗？

Liù suì yǐxià miǎnpiào, dànshì méiyǒu zuòwèi.
6岁以下免票，但是没有座位。

Liù suì dào shísì suì kěyǐ mǎi értóngpiào, bàn jià.
6岁到14岁可以买儿童票，半价。

Nà yào yìzhāng chéngrén èrděngzuò piào, yìzhāng értóng èrděngzuò piào.
那要一张成人二等座票，一张儿童二等座票。

따롱   안녕하세요. 베이징(북경)행 열차표를 사고 싶어요.

매표원   몇 시의 표를 봐드릴까요?

따롱   지금 가장 가까이 있는 기차는 몇 시인가요?

매표원   11시에 한 번 있어요. 출발하려면 아직 30분 남았는데 괜찮으신가요?

따롱   괜찮아요.

매표원   2등석이나 1등석 아니면 비즈니스석을 원하시나요?

따롱   실례지만, 어린이도 표를 사야 하나요?

매표원   6살 이하는 무료지만 좌석은 없어요.
         6살에서 14살 까지는 반값으로 어린이 표를 살 수 있어요.

따롱   그럼 성인 2등석 1장하고, 어린이 2등석 1장 주세요.

课文 3

Kǎitè
凯特

Nín hǎo,　wǒ xiǎng gǎiqiān huǒchēpiào.
您好，我想改签火车票。

Shòupiàoyuán
售票员

Gǎiqiān dào nǎ tàng chē?
改签到哪趟车？

Míngtiān shàngwǔ jiǔ diǎn zuǒyòu de piào hái yǒu ma?
明天上午九点左右的票还有吗？

Méiyǒu le.
没有了。

Nà wǒ tuìpiào ba.
那我退票吧。

Qǐng gěi wǒ nín de hùzhào.
请给我您的护照。

Lí kāichē bú dào sì shí bā xiǎoshí le,　yào shōu bǎi fēn zhī èr shí de tuìpiàofèi shí yuán,
离开车不到48小时了，要收百分之二十的退票费10元，

tuì nín sì shí yuán. Qǐng shōu hǎo.
退您40元。请收好。

26

gǎiqiān yǐjí tuìpiào
改签以及退票 변경 및 환불

케이트   안녕하세요. 기차표를 변경하고 싶어요.

매표원   어떤 기차로 바꿔 드릴까요?

케이트   내일 오전 9시쯤 표가 있나요?

매표원   없어요.

케이트   그럼 환불할게요.

매표원   여권을 보여 주세요.
열차가 출발하기까지 48시간이 되지 않았으니, 20%의 환불 수수료 10위엔을 내셔야 합니다.
총 40위엔을 환불해 드릴게요. 여기 있습니다.

句型与语法

1 **A是A，但是 / 可是 / 就是……** A는 A이나, 그러나~

"是"의 앞뒤에 사용하는 단어들은 동일하며 양보의 뜻을 나타내고, "비록 ~일지라도(설령 ~일지라도)"의 뜻을 갖고 있다.

Zhè jiàn yīfu piàoliang shì piàoliang, jiùshì tài guì le.
① 这件衣服漂亮是漂亮，就是太贵了。 이 옷은 예쁘긴 한데, 너무 비싸요.

Zhōngguó cài hǎochī shì hǎochī, dànshì tài yóunì le.
② 中国菜好吃是好吃，但是太油腻了。 중국 음식은 맛있긴 한데, 너무 느끼해요.

*油腻 yóunì 기름지다, 기름기가 많다

2 **V + 得了 / 不了** ~할 수 있다 / ~할 수 없다

여기서 "了"는 liǎo라고 읽으며 가능보어이다. 행동에 대한 실현 가능성을 예측하는 것을 의미한다.

Nǐ diǎn de cài tài duō le,　wǒmen chīdeliǎo ma?
① 你点的菜太多了，我们吃得了吗？
당신이 주문한 요리가 너무 많아, 우리가 다 먹을 수 있을까?

Duìbuqǐ,　míngtiān wǒ yǒu shìr,　jùhuì cānjiābuliǎo le.
② 对不起，明天我有事儿，聚会参加不了。
미안해요, 내일은 제가 일이 있어서, 모임에 참가할 수가 없어요.

*聚会 jùhuì 모임, 모이다

3 好

(1) 부사로 정도의 깊이를 나타내고 감탄하는 어감을 갖는다.

Nà ge nǚ háizi hǎo piàoliang a!

① 那个女孩子好漂亮啊!　　그 소녀는 정말 예쁘구나!

Jīntiān hǎo lěng a,　kuài dòngsǐ le.

② 今天好冷啊, 快冻死了。　오늘 너무 추워서, 얼어 죽겠어.

*冻 dòng 얼다, 춥다, 차다

(2) 동사 뒤에 놓아 보어로 사용되며, 완성 또는 어떤 일이 완성되는 정도를 표시한다.

Fàn zuò hǎo le,　nǐ chī ba.

① 饭做好了, 你吃吧。　　밥이 다 되었으니 먹으렴.

Wǒ yídìng yào xué hǎo Hànyǔ.

② 我一定要学好汉语。　　나는 반드시 중국어를 잘 배워야 한다.

句型与语法

4 万一 만일

접속사로 "만일 만약"이라는 뜻을 나타낸다. 일반적으로 가능성이 아주 작은 일을 가리키고 그다지 발생하기를 희망하지 않은 경우에 많이 사용된다.

Wànyī míngtiān xiàyǔ,　wǒmen hái qù bu qù?
① 万一明天下雨，我们还去不去？　만약 내일 비가 온다면, 우리는 갈거야?

Wànyī wǒ wàng le zhè jiàn shìr,　nǐ yídìng yào tíxǐng wǒ.
② 万一我忘了这件事儿，你一定要提醒我。
만약 내가 이 일을 잊어버린다면, 꼭 나에게 귀띔해줘야 해.

5 左右 가량, 내외

수사 혹은 수량사의 뒤에 사용되며 대체적인 수량을 나타낸다. 즉, 어떠한 수량보다 조금은 많거나 혹은 조금은 적음을 나타낸다.

Wǒmen de lǎoshī shì yíwèi èrshí suì zuǒyòu de niánqīngrén.
① 我们的老师是一位二十岁左右的年轻人。
우리 선생님은 20세 정도의 젊은 선생님이다.

Wèile jiǎnféi,　tā měitiān zǎoshàng wǔ diǎn zuǒyòu jiù qǐchuáng qù pǎobù.
② 为了减肥，他每天早上五点左右就起床去跑步。
다이어트를 위해, 그는 매일 아침 5시쯤에 일어나 조깅을 한다.

*年轻人 niánqīngrén 젊은 사람
*减肥 jiǎnféi 다이어트하다

练习题

选词填空 괄호 안에 들어갈 알맞은 단어를 고르시오.

A 火	B 万一	C 左右	D 提前	E 可惜

01. 这个周末北京展览馆有汽车展览，听说特别(　　　　)。

02. 你最好带一把伞，(　　　　)下雨，也不会淋湿。

03. 火车票可以(　　　　)在网上预订。

04. 这次的聚会，大龙不能参加，实在太(　　　　)了。

05. 明天上午九点(　　　　)的火车票还有吗?

排列顺序 문장순서에 맞게 배열하시오.

06. A. 买火车票时

　　 B. 可以先在12306网站上预订

　　 C. 然后拿着护照去售票窗口取票　　(　　　　　　)

07. A. 但是没有座位

　　 B. 6岁以下的儿童可以免票

　　 C. 售票员告诉我　　　　　　(　　　　　　)

完成句子 제시된 단어들을 바르게 연결하여 완성된 문장을 만들어 보시오.

08. 怎么   北京   比较   去   方便

_____

09. 票   我   想   火车   改签

_____

听力题 듣기 문제(내용을 듣고 맞으면 O를, 틀리면 X를 표시하시오.)

10. 她周末能去北京看展览。(   )

11. 坐高铁去北京很方便。(   )

12. 10岁的儿童可以免票。(   )

• 연습문제 중 〈듣기 문제〉 10번~12번에 관련된 듣기 내용입니다.   🎧 02_06.mp3

Yìyuán zhè ge zhōumò yào zhǔnbèi kǎoshì,　suǒyǐ bùnéng qù Běijīng kàn zhǎnlǎn.

10. 艺元这个周末要准备考试，所以不能去北京看展览。

예원은 이번 주말에 시험을 준비해야 해서 베이징에 전시회를 보러 갈 수 없다.

Zuò gāotiě qù Běijīng,　bàn ge xiǎoshí jiù néng dào,　hěn fāngbiàn.

11. 坐高铁去北京，半个小时就能到，很方便。

고속철도를 타고 베이징을 가는데 삼십분이면 도착할 수 있어, 아주 편리해.

Liùsuì dào shísìsuì de értóng kěyǐ mǎi értóngpiào,　bànjià.

12. 6岁到14岁的儿童可以买儿童票，半价。

6세부터 14세의 아동은 어린이표를 반값에 살 수 있습니다.

＊연습문제의 자세한 정답과 완성된 문장의
한어병음 및 해석은 뒤 부록에 실려있습니다.

제2과　연습문제 정답

01. A	02. B	03. D	04. E
05. C	06. ABC	07. CBA	08. 怎么去北京比较方便?
09. 我想改签火车票。	10. X	11. O	12. X

第三课 | 택시를 타고 기사에게 목적지 안내하고 도착했을 때 사용하는 표현, 호출 서비스를 통해 택시 이용하기와 관련된 대화

Warm-up 热身(导入) ···································· 🎧 03_01.mp3

左拐 zuǒguǎi
좌회전하다

掉头 diàotóu
유턴하다

右拐 yòuguǎi
우회전하다

直行 zhíxíng
직진하다

人行横道 rénxínghéngdào
횡단보도

高速公路 gāosùgōnglù
고속도로

생각해 보기

1. Nǐ rènshi shàngmiàn zhèxiē jiāotōngbiāozhì ma? Nǐ zhīdào yòng Hànyǔ zěnme shuō ma?

你认识上面这些交通标志吗？你知道用汉语怎么说吗？

당신은 위에 제시되어 있는 교통 표지들을 아시나요? 중국어로 어떻게 말하는지 아시나요?

2. Nǐ tīngshuō guò dīdī ma?   Nǐ zhīdào pīnchē、zhuānchē shì shénme chē ma?

你听说过滴滴吗？ 你知道拼车、专车是什么车吗？

당신은 디디추싱(택시 호출 서비스)을 들어본 적이 있나요? 핀쳐, 쫜쳐가 무슨 차인지 아시나요?

生词

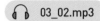

🎧 03_02.mp3

본문 1

师傅	shīfu	(호칭) 택시 기사		红绿灯	hónglǜdēng	신호등
高峰期	gāofēngqī	러시아워, 붐빌 때		停	tíng	서다, 멈추다
堵	dǔ	(차가) 막히다		航站楼	hángzhànlóu	터미널
安全	ānquán	안전(하다)		发票	fāpiào	영수증
大约	dàyuē	대략, 대강, 얼추		行李	xíngli	여행 짐, 수화물

본문 2

咱们	zánmen	우리(들) [자기 쪽 '我们' 혹은 '我'와 상대방 쪽 '你们' 혹은 '你'를 모두 포함함]		乘客	chéngkè	승객, 손님
打车	dǎchē	택시를 타다		不熟	bùshú	익숙하지 않다, 낯설다
定位	dìngwèi	(위치)자리를 정하다		导航	dǎoháng	네비게이션
对面	duìmiàn	건너편, 맞은편		系	jì	(벨트를) 매다
尾号	wěihào	끝번호, 뒷번호		厕所	cèsuǒ	화장실

课文 1

🎧 03_03.mp3

Shīfu 师傅

Nǐmen hǎo,　nǐmen qù nǎr?
你们好，你们去哪儿？

Jiāhéng 嘉恒

Shīfu,　qù jīchǎng.　Wǒmen gǎn shíjiān,　néng kuài yìdiǎnr ma?
师傅，去机场。我们赶时间，能快一点儿吗？

Xiànzài shì xiàbān gāofēngqī,　lùshàng hěn dǔ.　Wǒ jǐnliàng kāi kuài diǎnr.
现在是下班高峰期，路上很堵。我尽量开快点儿。

Kǎitè 凯特

Bié tài kuài le,　ānquán zuì zhòngyào.
别太快了，安全最重要。

Cóng zhèr dào jīchǎng dàyuē xūyào duōcháng shíjiān?
从这儿到机场大约需要多长时间？

Gūjì děi yí ge xiǎoshí zuǒyòu.
估计得一个小时左右。

Nín zhīdào bié de gèng kuài de lù ma?
您知道别的更快的路吗？

Zhè tiáo lù jiùshì zuì kuài de.　Guò le qiánbiān de hónglǜdēng,　jiù bù dǔ le.
这条路就是最快的。过了前边的红绿灯，就不堵了。

(到达后 dàodá hòu)

Tíng nǎr?
停哪儿？

T1 hángzhànlóu rùkǒu fùjìn jiù kěyǐ.　Jiù zhèr,　shīfu,　kào biānr tíng ba.
T1航站楼入口附近就可以。就这儿，师傅，靠边儿停吧。

Ó,　duì le,　shīfu,　qǐng gěi wǒ fāpiào.　Xièxie nín.
哦，对了，师傅，请给我发票。谢谢您。

Hǎode,　yígòng jiǔshí wǔ yuán. Bié wàng le ná hǎo nǐmen de xíngli.
好的，一共95元。别忘了拿好你们的行李。

기사　안녕하세요. 어디로 가시나요?

지아형　기사님, 공항으로 가주세요. 저희가 시간이 급한데, 빨리 좀 가주실 수 있나요?

기사　지금은 퇴근길 러시아워라, 길이 많이 막혀요. 가능한 빨리 가볼게요.

케이트　너무 빨리 가지 마세요. 안전이 가장 중요해요.

지아형　여기에서 공항까지 대략 얼마나 걸리나요?

기사　아마 한 시간정도 걸릴 것 같아요.

케이트　기사님 다른 더 빠른 길을 아세요?

기사　이 길이 바로 가장 빠른 길이에요. 앞의 신호등만 지나면, 막히지 않아요.

(도착 후)

기사　어디에 세워 드릴까요?

지아형　T1터미널입구 근처면 돼요. 바로 여기요, 기사님, 옆에 세워 주세요.
참, 기사님! 영수증 주세요. 고맙습니다.

기사　네, 모두 95위엔입니다. 짐 챙기는거 잊지 마세요.

课文 2

Kǎitè 凯特

Yìyuán, zánmen dǎchē huí xuéxiào ba, wàibiān tài lěng le!
艺元，咱们打车回学校吧，外边太冷了！

Yìyuán 艺元

Xiànzài chūzūchē bù hǎo dǎ, wǒmen jiào dīdī ba.
现在出租车不好打，我们叫滴滴吧。

Jiào dào le, chē mǎshàng lái, háiyǒu liǎng fēnzhōng.
叫到了，车马上来，还有两分钟。

Shīfu 师傅

Wèi! Nín hǎo, wǒ shì dīdī sījī, nín de dìngwèi zhǔn ma? Wǒ mǎshàng jiù dào le.
喂！您好，我是滴滴司机，您的定位准吗？我马上就到了。

Duì, wǒmen jiù zài dìngwèi de dìfāng, nóngyè yínháng duìmiàn.
对，我们就在定位的地方，农业银行对面。

Shīfu, qǐng kuài yìdiǎnr, tài lěng le.
师傅，请快一点儿，太冷了。

Nín shì shǒujī wěihào yī èr sān sì de chéngkè ba?
您是手机尾号1234的乘客吧？

Duì
对。

Zánmen zěnme zǒu?
咱们怎么走？

Zhè tiáo lù wǒ bùshú, jiù gēn zhe dǎoháng zǒu ba.
这条路我不熟，就跟着导航走吧。

Hǎo de, qǐng jì hǎo ānquándài, zǒu le.
好的，请系好安全带，走了。

Shīfu, wǒ xiǎng qù yíxià cèsuǒ, néng zài qiánmiàn tíng yíxià ma?
师傅，我想去一下厕所，能在前面停一下吗？

Méi wèntí.
没问题。

케이트   예원아, 우리 택시 타고 학교로 돌아가자, 밖이 너무 추워!

예원   지금 택시를 잡기 어려우니, 우리 디디 부르자.
불렀어, 금방 온대, 2분 남았어.

기사   여보세요! 안녕하세요, 디디 기사예요. 계신 곳 위치는 정확하죠? 금방 도착합니다.

예원   네, 저희는 바로 지정한 위치에 있어요. 농업은행 건너편이에요.
기사님, 빨리 와주세요, 너무 추워요.

기사   휴대폰 끝자리 1234 승객이시죠?

예원   네.

기사   어떻게 갈까요?

예원   이 길은 제가 잘 몰라서, 그냥 네비게이션을 따라가주세요.

기사   알겠습니다. 안전벨트 잘 매주시고, 출발합니다.

케이트   기사님, 잠깐 화장실에 가고 싶은데, 앞쪽에 잠시 세워 주시겠어요?

기사   알겠습니다.

句型与语法

1 赶 서두르다, 다그치다

동사로서 시간을 놓치지 않고 빨리 행동함을 나타내며, "뒤쫓다, (열차·버스 등의 시간에) 대다, 서두르다, (일이) 몰리다"라는 뜻이 있다. "~路 lù 길 / 火车 huǒchē 기차 / 飞机 fēijī 비행기 / 任务 rènwu 임무"등의 단어와 자주 사용된다.

Zhè ge jiàqī tā yìzhí zài gǎn lùnwén,　　méi zěnme xiūxi.
① 这个假期他一直在赶论文，没怎么休息。
이번 방학에 그는 줄곧 논문 작성에 쫓겨 별로 휴식하지 못했다.

Zǎochén qǐ wǎn le, méi gǎn shàng huǒchē, zhǐ néng chóngxīn mǎi piào le.
② 早晨起晚了，没赶上火车，只能重新买票了。
아침에 늦게 일어나서 열차를 놓쳤으니, 표를 다시 살 수밖에 없다.

*假期 jiàqī 휴가 기간
*论文 lùnwén 논문
*重新 chóngxīn 다시

2 一点儿 / 有点儿 조금, 약간

"一点儿"은 수량사로 수량의 적음, 혹은 불확실성을 나타낸다. 주어, 규정어, 목적어로 사용할 수 있다. 형용사의 뒤에 붙어 보어로 사용할 수 있으며 변화의 정도가 작음을 나타낸다. 어떤 경우에 "一"는 생략할 수 있다.
"有点儿"은 부사로 정도가 강하지 않음을 나타낸다. 주의할 점은, "有点儿" 뒤의 형용사 또는 동사는 대부분 소극적이거나 부정적인 의미를 많이 나타낸다.

Yīnwèi yìdiǎnr xiǎoshì,　　tā liǎ bù shuōhuà le.
① 因为一点儿小事，他俩不说话了。
사소한 일 때문에, 그 둘은 서로 말하지 않게 되었다.

Wǒ juéde nǐ chuān zhè zhǒng yánsè de yīfu,　　yǒudiǎnr nán kàn.
② 我觉得你穿这种颜色的衣服，有点儿难看。
나는 네가 이런 색깔의 옷을 입을 때 좀 아닌 것 같아.

*难看 nánkàn 보기 싫다[흉하다], 꼴사납다

40

3 尽量 최대한

부사로 뒤에 동사 혹은 형용사가 오고, 노력하여 최대치에 도달함을 나타낸다.

Lǎoshī gǔlì xuéshēngmen shàngkèshí jǐnliàng shuō Hànyǔ.
① 老师鼓励学生们上课时尽量说汉语。
선생님은 학생들에게 수업 시간에 되도록 중국어로 말하도록 장려한다.

Míngtiān shì kāixué dìyī tiān, tóngxuémen jǐnliàng zǎo yìdiǎnr lái.
② 明天是开学第一天，同学们尽量早一点儿来。
내일은 개학 첫 날이니까, 학생 여러분들은 최대한 일찍 도착하길 바랍니다.

*鼓励 gǔlì 격려하다, 북돋우다

4 估计 예측하다

어떠한 상황에 근거하여 그 일에 대해 판단한다.

Nǐ gūjì tā yǒu duōdà niánlíng?
① 你估计他有多大年龄？   네가 보기에 그가 몇 살로 보여?

Yǐjīng bā diǎn le, gūjì tā búhuì lái le.
② 已经八点了，估计他不会来了。 벌써 8시가 되었어, 아마 그는 못 올 거야.

*年龄 niánlíng 연령, 나이

41

句型与语法

5 **靠**

동사로써, 다양한 의미로 해석된다. "기대다", "의지하다" 외에 "가까이하다" 등의 의미가 있다.

(1) 기대다

Tāmen bèi kàozhe bèi zuòzhe.
① 他们背**靠**着背坐着。　　　그들은 서로 등을 맞대고 기대어 앉아 있다.

Tā zhèng kào zài yì kē dàshù shang xiūxi.
② 他正**靠**在一棵大树上休息。　그는 지금 한 그루의 큰 나무에 기대어 휴식하고 있다.

(2) …에 의(지)하다, (타인의 세력이나 유리한 조건에)의지하다, 기대다

Tāmen yìjiārén de shēnghuó quán kào bàba yí ge rén.
① 他们一家人的生活全**靠**爸爸一个人。
그들의 온 가족의 생활은 모두 아버지 한 사람에 의지한다.

Zài jiā kào fùmǔ,　　chūmén kào péngyou.
② 在家**靠**父母，出门**靠**朋友。　집에서는 부모에게 의지하고 밖에서는 친구에게 의지한다.

(3) 가까이하다, 가깝다.

Zài Zhōngguó, xíngrén yào kào yòubiān zǒu.
① 在中国，行人要**靠**右边走。　중국에서 행인은 오른쪽으로 걸어야 한다.

Wǒ xuǎn le yí ge kào chuāng de zuòwèi.
② 我选了一个**靠**窗的座位。　나는 창가 좌석을 선택했다.

练习题

选词填空 괄호 안에 들어갈 알맞은 단어를 고르시오.

A 赶	B 堵	C 尽量	D 对面	E 靠

01. 中国银行就在体育馆的(   )。

02. 嗓子不舒服时，你应该(   )少说话。

03. 现在是下班高峰期，路上很(   )。

04. 我们(   )时间，师傅能开快点吗?

05. 师傅，请(   )边儿停一下，我们下车。

完成对话 괄호 안의 단어를 사용하여 대화의 내용을 완성하시오.

06. A: 他来参加今天的会议吗?

    B: 已经八点多了，_____。(估计)

07. A: 这件衣服怎么样?

    B: 颜色很漂亮，_____。(有点儿)

完成句子 제시된 단어들을 바르게 연결하여 완성된 문장을 만들어 보시오.

08. 行李　　忘了　　别　　好　　拿　　你的

_____

09. 这　　条　　我　　路　　不熟

_____

听力题 듣기 문제(대화를 듣고 질문에 맞는 정답을 고르시오.)

10. A. 路上很堵　　　B. 没有出租车　　　C. 马上下班　　　D. 想去吃饭

11. A. 火车　　　　　B. 滴滴车　　　　　C. 公共汽车　　　D. 朋友的车

12. A. 开快一点　　　B. 要发票　　　　　C. 拿好行李　　　D. 系安全带

*연습문제의 자세한 정답과 완성된 문장의
한어병음 및 해석은 뒤 부록에 실려있습니다.

• 연습문제 중 〈듣기 문제〉 10번~12번에 관련된 듣기 내용입니다.　　　　　🎧 03_05.mp3

10. 男: Lù shang jiāotōng qíngkuàng zěnmeyàng?
路上交通情况怎么样?　　　　남자: 도로의 교통 상황은 어때?

女: Xiànzài shì xiàbān gāofēngqī,　lù shang hěn dǔ.
现在是下班高峰期，路上很堵。　여자: 지금은 퇴근길 러시아워라서 도로가 아주 막혀.

问: Nǚde shì shénme yìsi?
女的是什么意思?　　　　질문: 여자의 의미는 무엇인가요?

11. 女: Wǒmen dǎchē qù Běijīngzhàn ba.
我们打车去北京站吧。　　　여자: 우리 차 타고 베이징역에 가자.

男: Xiànzài chē bù hǎo dǎ,　wǒmen háishì jiào dīdī ba.
现在车不好打，我们还是叫滴滴吧。

남자: 지금 차를 잡기가 쉽지 않아, 우리 그냥 디디 부르자.

问: Nánde yào zuò shénme chē qù Běijīngzhàn?
男的要坐什么车去北京站?　　　질문: 남자는 어떤 차를 타고 베이징역으로 가려고 하나요?

12. 女: Shīfu,　nín hǎo,　qù Běijīng jīchǎng.
师傅，您好，去北京机场。　　　여자: 기사님, 안녕하세요, 베이징 공항으로 가주세요.

男: Zhè tiáo lù wǒ bú tài shú.
这条路我不太熟。　　　남자: 이 길은 제가 잘 몰라요.

女: Wǒ yě bùshú,　jiù gēnzhe dǎoháng ba.
我也不熟，就跟着导航吧。　　　여자: 저도 잘 몰라요, 그냥 네비게이션을 따라가 주세요.

男: Hǎo de,　qǐng jì hǎo ānquándài.
好的，请系好安全带。　　　남자: 알겠습니다. 안전벨트 잘 매주세요.

问: Nánde tíxǐng nǚde zuò shénme?
男的提醒女的做什么?　　　질문: 남자는 여자에게 무엇을 하라고 알려주었나요?

제3과　연습문제 정답

01. D	02. C	03. B
04. A	05. E	06. (예시)估计他不会来了。
07. (예시)就是价格有点儿高。	08. 别忘了拿好你的行李。	09. 这条路我不熟。
10. A	11. B	12. D

老外最想打包带回家的中国"生活方式"

"如果可以，你最想把中国的哪种生活方式带回自己的国家？"北京某大学在对留学生的采访中提到了这个问题，他们的回答惊人一致："高铁、支付宝、共享单车、网购"。这四种渗透进中国居民生活方方面面的新事物，已经成为了很多外国人眼中最喜欢的生活方式。

在短短十几年间，中国已经成为世界高铁铺设里程最多的国家。高铁将原本需要十多个小时的路程缩短为几个小时，使人们的出行方式得到了极大的提升。

支付宝、微信等移动支付方式，让人们的出行告别了钱包。手机扫一扫，钱就到账了，非常方便。

"最后一公里"是共享单车希望解决的问题。在很多城市中，因其绿色低碳，节能环保，共享单车甚至成为了居民最主要的出行方式。

"手指动一动，买遍全世界"。只需手机轻轻一点，商品就会在几天之内送到。网购让人们的购物体验更加方便快捷。

외국인이 가장 집에 가져가고 싶어하는 중국의 "생활방식"

"만약 가능하다면, 당신은 중국의 어떤 생활방식을 자신의 나라로 가져가고 싶나요?" 베이징의 모 대학교에서 유학생을 취재할 때 이러한 질문을 던졌는데, 그들의 대답은 놀랍도록 일치했다. 바로 "고속철도, 알리페이, 공유자전거, 인터넷 쇼핑"이다. 이 네 가지 방식은 중국 국민 생활의 모든 면으로 파고 들어간 신생 사물이고 이미 수많은 외국인들의 눈에 들어온 가장 좋아하는 생활방식이 되었다.

짧은 몇 십년 사이, 중국은 이미 세계에서 고속철도 보급 거리가 가장 많은 나라가 되었다. 고속철도는 원래의 열 몇 시간의 거리를 몇 시간으로 단축시켜 사람들이 길을 나서는 데 더 많은 선택을 할 수 있도록 보다 큰 제고를 가져왔다.

알리페이(支付宝 즈푸바오: 전자결제 서비스), 위챗(微信 웨이신: 모바일 메신저) 등 이동지불수단은 사람들이 길을 나설 때 지갑을 필요로 하지 않게 만들었다. 핸드폰으로 스캔을 하면 돈은 바로 계좌로 입금되고 상당히 편리하다.

"마지막 1킬로미터"는 공유자전거가 해결하고자 하는 문제이다. 많은 도시들에서는 녹색 저탄소와 에너지 절약, 환경 보호 때문에 공유자전거가 주민들이 길을 나서는데 가장 중요한 이동수단이 되었다.

"손가락 한 번이면, 전 세계의 물건을 살 수 있다." 휴대폰에서 가볍게 클릭 한 번이면 상품은 며칠 이내에 도착한다. 인터넷 쇼핑은 사람들의 쇼핑 체험을 더 편리하고 빠르게 만든다.

餐饮篇

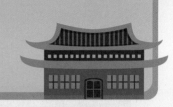

단원주제 单元话题	식당에서 식사하기와 배달 주문하기 Cāntīng jiùcān yǔ diǎn wàimài 餐厅就餐与点外卖
학습목표 学习目标	중국의 음식문화를 이해하고 식당에서 주문 시 사용하는 용어 파악하기 Liǎojiě Zhōngguó yǐnshí fāngshì, zhǎngwò cāntīng diǎncān yòngyǔ 了解中国饮食方式，掌握餐厅点餐用语 중식당에서의 주문과 온라인 배달 주문 하기 Huì zài zhōng cāntīng diǎncān yǐjí zài wǎngshàng dìng wàimài 会在中餐厅点餐以及在网上订外卖
핵심어휘 重点词语	càidān | máfan | tèsècài | wèidao | zhǔshí | xián | jìkǒu | dǎbāo 菜单 | 麻烦 | 特色菜 | 味道 | 主食 | 咸 | 忌口 | 打包 yōuhuìquàn | tuángòu | wàimài | píngjià | yóunì | qīngdàn | páiduì 优惠券 | 团购 | 外卖 | 评价 | 油腻 | 清淡 | 排队 shòuhuānyíng | tuījiàn 受欢迎 | 推荐
어법포인트와 문형 语法点或句型	shénme | qiānwàn | shízài | guāng | gòu 什么 | 千万 | 实在 | 光 | 够 duōkuī | zàishuō | tīngshuō | gāi......le | yàobu 多亏 | 再说 | 听说 | 该......了 | 要不 yǒu...... (zhème/nàme) | rúguǒ......dehuà | zhídé | zhōngyú | biān......biān...... 有......(这么/那么) | 如果......的话 | 值得 | 终于 | 边......边......

第四课 | 중국 식당에서 요리 주문하기, 훠궈 전문점에서 주문할 때 사용할 수 있는 대화

鸳鸯火锅 yuānyānghuǒguō
원앙훠궈

麻婆豆腐 mápódòufu
마포또우푸(마파두부)

锅包肉 guōbāoròu
꿔바오로우

宫保鸡丁 gōngbǎojīdīng
꿍빠오지딩

西红柿炒鸡蛋 xīhóngshìchǎojīdàn
시홍스차오지단(토마토 스크램블 에그)

饺子 jiǎozi
교자만두

생각해 보기

1. Nǐ chīguo shénme Zhōngguócài? Nǐ juéde Zhōngguócài de wèidao zěnmeyàng ?
   你吃过什么中国菜? 你觉得中国菜的味道怎么样?
   당신은 어떤 중국 요리를 먹어봤나요? 당신이 생각하기에 중국 요리의 맛은 어떤가요?

2. Nǐ zhīdào Zhōngguó zuì chuántǒng de shíwù shì shénme ma?
   你知道中国最传统的食物是什么吗?
   당신은 중국에서 가장 전통적인 음식이 무엇인지 아시나요?

生词

🎧 04_02.mp3

본문 1

欢迎光临	huānyíng guānglín	어서 오세요		特价	tèjià	특가, 특별 할인 가격
麻烦	máfan	귀찮게(번거롭게) 하다		份	fèn	(양사) ~인분, 몫
菜单	càidān	메뉴판		忌口	jìkǒu	음식을 가리다
特色菜	tèsècài	특색 요리		受不了	shòubuliǎo	참을 수 없다, 견딜 수 없다
味道	wèidao	맛		咸	xián	짜다

본문 2

锅底	guōdǐ	(훠궈) 탕, 육수		小料	xiǎoliào	조미료, 양념
盘	pán	판, 그릇, 접시		顺便	shùnbiàn	~하는 김에
蔬菜	shūcài	야채, 채소		打包	dǎbāo	포장하다, 싸가다
好像	hǎoxiàng	마치 ~과 같다 (비슷하다)		消费	xiāofèi	소비(하다)
烫	tàng	뜨겁다		优惠券	yōuhuìquàn	할인권, 쿠폰

49

课文 ①

🎧 04_03.mp3

Fúwùyuán
服务员

Huānyíng guānglín! Jǐ wèi?
欢迎光临! 几位?

Yìyuán
艺元

Liǎng wèi, yǒu zuò ma?
两位，有座吗?

Yǒu, liǎng wèi lǐ biān qǐng.
有，两位里边请。

Dàlóng
大龙

Fúwùyuán, máfan nín ná yíxià càidān. Yìyuán, nǐ xiǎng chī shénme?
服务员，麻烦您拿一下菜单。艺元，你想吃什么?

Chī shénme dōu xíng, tīng nǐ de.
吃什么都行，听你的。[1]

Nǐmen zhèr de tèsècài shì shénme?
你们这儿的特色菜是什么?

Guōbāoròu, mápódòufu, gōngbǎojīdīng wèidao dōu búcuò.
锅包肉，麻婆豆腐，宫保鸡丁味道都不错。

Jīntiān de tèjiàcài shì xīhóngshì chǎo jīdàn, piányi yòu hǎochī.
今天的特价菜是西红柿炒鸡蛋，便宜又好吃。

종업원   어서 오세요! 몇 분이세요?

예원   두 명이요, 자리 있나요?

종업원   있어요. 두 분 안으로 들어오세요.

따롱   웨이터, 죄송한데 메뉴판 좀 가져다 주세요. 예원아, 넌 뭐 먹고 싶어?

예원   뭐든 괜찮아. 네가 정하는 대로 할게.

따롱   여기 특색 있는 요리가 뭐예요?

종업원   꿔바오로우, 마포또우푸(마파두부), 꿍빠오지딩 모두 맛있어요.
오늘의 특가요리는 시홍스차오지단(토마토 스크램블 에그)으로, 싸고 맛있어요.

🎧 04_03.mp3

Hǎo, nà wǒmen diǎn mápódòufu, gōngbǎojīdīng hé xīhóngshìchǎojīdàn ba.
好，那我们点麻婆豆腐，宫保鸡丁和西红柿炒鸡蛋吧。

Zài lái yí ge guōbāoròu.
再来一个锅包肉。

Zhǔshí chī shénme?
主食吃什么？

Lái yí fèn jiǎozi ba.
来一份饺子吧。

Lái diǎn shénme hēde ma?
来点什么喝的吗？

Lái liǎng píng kělè, yào bīngde.
来两瓶可乐，要冰的。

Yǒu shénme jìkǒu de ma?
有什么忌口的吗？

Qiānwàn bié fàng xiāngcài, wǒ shízài shòubuliǎo tā de wèidao.
千万别放香菜，我实在受不了它的味道。

Cài bié zuò tài xián le.
菜别做太咸了。

Hǎo de, nín shāo děng, cài mǎshàng jiù lái.
好的，您稍等，菜马上就来。

따롱 좋아요, 그럼 마포또우푸, 꿍빠오지딩, 시홍스차오지단 주문할께요.

예원 꿔바오로우 하나 더 주세요.

종업원 메인 메뉴는 뭘로 드시겠어요?

예원 만두 1인분 주세요.

종업원 음료는 뭘로 하시겠어요?

따롱 콜라 두 병 주세요, 차가운 걸로요.

종업원 가리는 음식이 있으신가요?

예원 절대로 샹차이(고수)는 넣지 마세요. 저는 정말 그 맛을 참을 수 없어요.

따롱 음식은 너무 짜지 않게 해주세요.

종업원 네, 조금만 기다리시면, 요리가 금방 나올거에요.

课文 ②

04_04.mp3

Fúwùyuán
服务员

Nín yào shénme guōdǐ de?
您要什么锅底的？

Jiāhéng
嘉恒

Gěi wǒmen lái ge yuānyāngguō ba,　yìbiānr jūntāng,　　yìbiānr málà.
给我们来个鸳鸯锅吧，一边儿菌汤，一边儿麻辣。

Lái yì pán yángròupiàn,　yì pán niúròupiàn,　　zàilái yí fèn yúwánr.
来一盘羊肉片，一盘牛肉片，再来一份鱼丸儿。

Kǎitè
凯特

Bié guāng chīròu a,　zài lái gè shūcài pīnpán ba.
别光吃肉啊，再来个蔬菜拼盘吧。

Zhèxiē hǎoxiàng bú gòu chī ba?　Zài jiā yí fèn miàntiáo.
这些好像不够吃吧？再加一份面条。

종업원 무슨 탕으로 드릴까요?

지아헝 위엔양궈(원앙훠궈)로 주세요. 반은 버섯탕으로, 반은 마라로요.
양고기 한 접시, 소고기 한 접시, 그리고 어묵도 1인분 주세요.

케이트 고기만 먹지 말고 채소 한 접시 더 하자.

지아헝 이걸로는 아무래도 부족할 것 같은데? 국수 1인분 더 추가해 주세요.

课文 2

🎧 04_04.mp3

(五分钟后 wǔ fènzhōng hòu)

Yuānyāngguō lái le, xiǎoxīn tàng. Huǒguō xiǎoliào zài nàbiān, nín zìjǐ qǔ.
鸳鸯锅来了，小心烫。火锅小料在那边，您自己取。

Yúwánr wèidao bú cuò.
鱼丸儿味道不错。

Fúwùyuán, zhè ge zài lái yí fèn. Shùnbiàn jiā diǎnr tāng.
服务员，这个再来一份。顺便加点儿汤。

(吃完火锅 chīwán huǒguō)

Fúwùyuán, mǎi dān.
服务员，买单。

Shūcài méi chī wán, kěyǐ dǎbāo ma?
蔬菜没吃完，可以打包吗？

Kěyǐ. Nín yígòng xiāofèi yìbǎi wǔshí wǔ yuán.
可以。您一共消费155元。

Xiànzài yǒu shénme yōuhuì huódòng ma?
现在有什么优惠活动吗？

Xiāofèi mǎn yìbǎi sòng nín yìzhāng shíyuán yōuhuìquàn,
消费满100 送您一张10元优惠券，

xiàcì yòngcān shí kěyǐ shǐyòng.
下次用餐时可以使用。

(5분 후)

종업원　위엔양궈(원앙훠궈) 나왔습니다. 뜨거우니 조심하세요. 훠궈 양념은 저쪽에 있으니, 직접 가져오세요.

케이트　어묵 맛있네.
　　　　웨이터, 이거 1인분 더 주세요. 가는 김에 탕도 더 추가 해주세요.

(훠궈를 다 먹고 나서)

케이트　웨이터, 계산해 주세요.

지아힝　야채를 다 못 먹었는데, 포장해가도 될까요?

종업원　네, 모두 155위엔입니다.

케이트　지금 어떤 할인 이벤트가 있나요?

종업원　100위엔 이상 쓰시면, 10위엔 할인 쿠폰 한 장을 드려요.
　　　　다음 번 식사 때 쓰실 수 있어요.

句型与语法

1 什么 무엇

의문대명사 "什么, 谁" 등은 의문을 나타내는 것 외에, 임의로 무언가를 지칭할 수 있고 뒤에는 보통 "都, 也"등이 따라오는데 지칭하는 범위 내에서의 전부를 나타낸다.

Tā jīntiān gǎnmào le,　shénme dōu bù xiǎng chī.
① 他今天感冒了，**什么**都不想吃。　　그는 오늘 감기에 걸렸어, 아무것도 먹고 싶어하지 않아.

Shéi yě bù zhīdào tā qù nǎr le.
② **谁**也不知道他去哪儿了。　　누구도 그가 어디로 갔는지 모른다.

*感冒 gǎnmào 감기(에 걸리다)

2 千万 제발

부사로 쓰이며, 명령문에 사용된다. 비교적 간곡한 부탁의 의미를 나타내고 "꼭, 반드시"의 의미를 갖는다.

Chūmén shí,　qiānwàn bié wàng le dài shǒujī.
① 出门时，**千万**别忘了带手机。　　나갈 때, 휴대폰을 꼭 잊지 말고 챙겨가.

Zhè shì ge mìmì,　nǐ qiānwàn bié gàosu biérén a.
② 这是个秘密，你**千万**别告诉别人啊。　이것은 비밀이야, 절대로 다른 사람에게 말하면 안돼.

*秘密 mìmì 비밀

3 **实在** 확실히

부사로써 일의 진실성을 강조한다. "진짜로/확실히"라는 뜻으로, 뒤에 "是"를 붙여 강한 어조를 나타낸다.

Jīntiān de tiānqì shízài tài rè le.
① 今天的天气实在太热了。 오늘의 날씨는 정말 너무 덥다.

Tā shízài tài lèi le,　　　 zuò zài yǐzi shang jiù shuìzháo le.
② 他实在太累了，坐在椅子上就睡着了。

그는 너무나 피곤하여 의자에 앉은 채로 잠들어 버렸다.

*椅子 yǐzi 의자

4 **光** 오직, 다만

부사로 쓰여 "오직, 다만"의 의미를 나타내며 회화체에 많이 쓰인다.

Wǒ bù xǐhuan guāng shuō bú zuò de rén.
① 我不喜欢光说不做的人。　　 나는 말만 앞세워 실제로 하지 않는 사람을 좋아하지 않는다.

Bié guāng chīròu, yě chī xiē shūcài ba.
② 别光吃肉，也吃些蔬菜吧。　　 고기만 먹지 말고 야채도 먹어봐.

*肉 ròu 고기

句型与语法

5 够 충분하다, 넉넉하다

(1) 형용사이며, 술어로 쓰여 수량·표준·정도 등 필요로 하는 것을 만족시켰음을 의미한다.

Zhèxiē cài gòu wǒ chī yìzhōu le,　bú yào zài mǎi le.
① 这些菜够我吃一周了，不要再买了。
이 야채들은 내가 일주일 동안 먹기에는 충분해, 더 살 필요가 없어.

Māma měi ge yuè gěi nǐ de shēnghuófèi gòu huā ma?
② 妈妈每个月给你的生活费够花吗？
어머니가 매달마다 너에게 주는 생활비는 쓰기에 충분해?

*生活费 shēnghuófèi 생활비
*花 huā (명) 꽃 (동) 소비하다, 쓰다

(2) 부사적으로도 쓰여 정도가 높음을 나타내는데, "的"와 "了"는 함께 자주 쓰인다.

Tā de xìngqù àihào gòu duō de.
① 他的兴趣爱好够多了。　　그의 취미와 애호는 충분히 많다.

Lǎoshī liú de zuòyè gòu fùzá de.
② 老师留的作业够复杂的。　선생님이 내주신 숙제는 꽤 복잡하다.

*爱好 àihào 취미, 기호
*复杂 fùzá 복잡하다

练习题

选词填空 괄호 안에 들어갈 알맞은 단어를 고르시오.

A 千万	B 光	C 够	D 份	E 顺便

01. ( )不要放香菜，我不吃香菜。

02. 服务员，再来一( )饺子。

03. 这些蔬菜和肉不( )吃，再点一些吧。

04. 老板一般不喜欢( )说不做的职员。

05. 你去超市时，能( )帮我买一瓶可乐吗?

排列顺序 문장순서에 맞게 배열하시오.

06. A. 在饭店吃饭时

   B. 我们可以打包带走

   C. 如果有没吃完的菜　　　　　　(　　　　　　)

07. A. 吃火锅时

   B. 有的人喜欢吃菌汤锅

   C. 也有的人喜欢吃鸳鸯锅　　　　(　　　　　　)

61

完成句子 제시된 단어들을 바르게 연결하여 완성된 문장을 만들어 보시오.

08. 你　　拿　　麻烦　　菜单　　一下

_____

09. 实在　　我　　受不了　　味道　　它的

_____

根据课文内容判断对错 본문 내용에 근거하여 맞으면 O를, 틀리면 X를 표시하시오.

10. 在饭店点菜时，艺元有忌口的，她不吃香菜。(　　　)

11. 凯特和嘉恒吃的是西餐。(　　　)

12. 他们吃完火锅结账时，使用了优惠券。(　　　)

*연습문제의 자세한 정답과 완성된 문장의
한어병음 및 해석은 뒤 부록에 실려있습니다.

제4과 연습문제 정답

01. A	02. D	03. C	04. B
05. E	06. ACB	07. ABC	08. 麻烦你拿一下菜单。
09. 我实在受不了它的味道。	10. O	11. X	12. X

第五课

Warm-up 热身(导入) ·· 🎧 05_01.mp3

团购APP tuángòuAPP
공동구매 앱

团购券 tuángòuquàn
공동구매 티켓

外卖 wàimài
배달음식

套餐 tàocān
세트메뉴

烧烤 shāokǎo
불에 구운 육류 식품

沙拉 shālā
샐러드

생각해 보기

1.
Nǐ jīngcháng zài nǎr chīfàn?　　Nǐ jīngcháng diǎn wàimài ma?
你经常在哪儿吃饭? 你经常点外卖吗?
당신은 어디에서 자주 식사를 하나요? 당신은 자주 배달 주문을 시키나요?

2.
Nǐ zhīdào qù fàndiàn chīfàn de shíhòu,　　zěnyàng cái néng gèng piányi ma?
你知道去饭店吃饭的时候, 怎样才能更便宜吗?
당신은 식당에서 밥을 먹을 때, 어떻게 하면 더 저렴하게 먹을 수 있는지 아시나요?

生词

🎧 05_02.mp3

본문 1 · 2

空儿	kòngr	시간, 짬, 여유	团购	tuángòu	공동구매
通过	tōngguò	통과하다	套餐	tàocān	세트 음식
结果	jiéguǒ	결과	划算	huásuàn	수지가 맞다, 가성비가 좋다
烧烤	shāokǎo	불에 구운 육류 식품	保留	bǎoliú	보류하다, 남겨 놓다
尝	cháng	맛보다	平日	píngrì	평일

본문 3

外卖	wàimài	배달 음식	评价	píngjià	평가(하다)
减肥	jiǎnféi	다이어트 하다	热量	rèliàng	열량
油腻	yóunì	기름지다, 느끼하다	营养	yíngyǎng	영양
清淡	qīngdàn	담백하다	下单	xiàdān	주문하다
沙拉	shālā	샐러드	楼	lóu	다층 건물, 층

课文 ①

🎧 05_03.mp3

Yìyuán
艺元

Dàlóng, zhōumò yǒu kòngr ma? Wǒ xiǎng qǐng nǐ chī fàn.
大龙，周末有空儿吗？我想请你吃饭。

Dàlóng
大龙

Wèishénme yào qǐng wǒ chī fàn ya?
为什么要请我吃饭呀？

Shàngcì duō kuī nǐ bāng wǒ, wǒ cái tōngguò le Hànyǔ kǎoshì, zàishuō,
上次多亏¹你帮我，我才通过了汉语考试，再说²，

wǒmen hǎojiǔ méi yìqǐ chī fàn le.
我们好久没一起吃饭了。

Wǒ yě méi bāng nǐ shénme, shì nǐ zìjǐ nǔlì de jiéguǒ.
我也没帮你什么，是你自己努力的结果。

Xuéxiào pángbiān xīn kāi le yì jiā shāokǎodiàn, tīngshuō wèidao bú cuò.
学校旁边新开了一家烧烤店，听说味道不错³。

Wǒmen yě qù chángchang ba.
我们也去尝尝吧。

Xiànzài hái yǒu tuángòu. Liǎng rén tàocān cái yìbǎi líng bā kuài, hěn huásuàn.
现在还有团购。两人套餐才108块，很划算。

Hǎo a. Zhè ge zhōuliù wǎnshang wǒ yǒu kòngr. Nǐ ne?
好啊。这个周六晚上我有空儿。你呢？

Wǒ yě méi shénme shìr, nà jiù zhōuliù wǎnshang liùdiǎn cāntīng jiàn ba.
我也没什么事儿，那就周六晚上六点餐厅见吧。

Gūjì zhōumò rén duō, wǒ xiān dǎ diànhuà yùdìng yíxià.
估计周末人多，我先打电话预订一下。

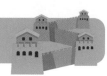

예원	따롱, 주말에 시간 있어? 밥 사주려고.
따롱	왜 나한테 밥 사주려고 하는데?
예원	지난 번에 네가 도와준 덕분에 내가 중국어시험을 통과할 수 있었어. 게다가 우리 한동안 같이 밥도 못 먹었고.
따롱	난 도와준 게 아무것도 없는걸, 너 스스로 노력한 결과지.
예원	학교 옆에 바비큐 가게가 새로 열렸는데 듣는 바로는 맛있다던데 우리도 한번 먹어보자. 아직 투안꼬우(공동구매) 있어. 2인 세트가 108위엔밖에 안되니, 가성비 좋네.
따롱	좋아! 이번 주 토요일에 난 시간 있어. 너는?
예원	나도 별일 없으니, 그럼 토요일 저녁 6시에 식당에서 만나자. 주말엔 사람 많을 것 같으니, 내가 먼저 전화해서 예약할게.

课文 2

Fúwùyuán
服务员

Nín hǎo, Xiǎolǐ shāokǎo diàn.
您好，小李烧烤店。

Yìyuán
艺元

Nín hǎo, kěyǐ yùdìng wèizi ma?
您好，可以预订位子吗？

Kěyǐ, yígòng jǐ wèi? Shénme shíhou lái?
可以，一共几位？什么时候来？

Liǎng ge rén, zhōuliù wǎnshang liùdiǎn zuǒyòu.
两个人，周六晚上六点左右。

Hǎo de, qǐng shuō yíxià nín de xìngmíng hé diànhuà.
好的，请说一下您的姓名和电话。

Zuòwèi wǒmen gěi nín bǎoliú yí ge xiǎoshí.
座位我们给您保留一个小时。

Yìyuán, shǒujī hàomǎ yāo bā liù jiǔ bā yāo èr liù sì jiǔ jiǔ.
艺元，手机号码18698126499。

Shùnbiàn wèn yíxià, néng yòng tuángòuquàn ma?
顺便问一下，能用团购券吗？

Bùhǎoyìsi, zhōumò bù néng shǐyòng tuángòu quàn, píngrì kěyǐ.
不好意思，周末不能使用团购券，平日可以。

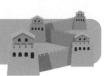

종업원 안녕하세요, 샤오리 바베큐입니다.

예원 안녕하세요, 자리를 예약할 수 있나요?

종업원 네, 모두 몇 분이세요? 언제 오시나요?

예원 두 명이고, 토요일 저녁 6시쯤이요.

종업원 네, 성함과 연락처를 말씀해주세요.
자리는 저희가 한 시간동안 남겨 놓도록 할게요.

예원 예원이고, 전화번호는 18698126499입니다.
참, 공동구매 쿠폰을 쓸 수 있나요?

종업원 죄송하지만, 주말에는 공동구매 쿠폰을 쓸 수 없고, 평일에는 가능해요.

课文 3

Jiāhéng
嘉恒

Yā, yǐjīng shí'èr diǎn duō le. Gāi chī fàn le.
呀，已经12点多了。该吃饭了。

Yìyuán
艺元

Wàibian tài lěng le, wǒ shízài bù xiǎng chūmén.
外边太冷了，我实在不想出门。

Yàobù wǒmen jīntiān jiào wàimài chī ba.
要不我们今天叫外卖吃吧。

Wǒ zuìjìn zhèngzài jiǎnféi, bù xiǎng chī tài yóunì de.
我最近正在减肥，不想吃太油腻的。

Nà wǒmen diǎn yìxiē qīngdàn de cài ba. Nǐ kàn, zhè jiā de shālā kànqǐlai búcuò.
那我们点一些清淡的菜吧。你看，这家的沙拉看起来不错。

Píngjià yě hěn hǎo.
评价也很好。

Zhè ge bú cuò, shālā rèliàng dī, yíngyǎng yě hěn fēngfù.
这个不错，沙拉热量低，营养也很丰富。

Wǒmen diǎn liǎng fèn ba. (kàn APP) Nǐ yào jīròu shālā háishi shūcài shālā? Wǒ yìqǐ xiàdān ba.
我们点两份吧。(看APP)你要鸡肉沙拉还是蔬菜沙拉？
我一起下单吧。

Wǒ yào shūcài shālā. Wǒ wēixìn zhuǎn gěi nǐ qián.
我要蔬菜沙拉。我微信转给你钱。

Yí fèn shūcài shālā, yí fèn jīròu shālā, xiàdān le.
一份蔬菜沙拉，一份鸡肉沙拉，下单了。

(三十分钟后) (sānshí fēnzhōng hòu)

wàimài shīfu
外卖师傅

Nín hǎo, nín de wàimài dào le, qǐng dào lóu ménkǒu qǔ yíxià.
您好，您的外卖到了，请到楼门口取一下。

Hǎo de, nín shāo děng, mǎshàng xiàlái.
好的，您稍等，马上下来。

지아형　아, 벌써 12시가 넘었어. 밥 먹어야겠다.

예원　밖이 너무 추워서, 정말 나가고 싶지 않아.

지아형　아니면 우리 오늘 배달시켜 먹자.

예원　나 요즘 다이어트 중이라, 너무 기름진 건 먹고 싶지 않아.

지아형　그럼 담백한 음식으로 주문하자. 봐, 이집 샐러드 괜찮아 보여. 평가도 좋아.

예원　이거 괜찮네, 샐러드는 칼로리도 낮고 영양도 풍부해.

지아형　우리 2인분 주문하자.(앱을 보고) 너는 치킨 샐러드로 할래, 아니면 야채 샐러드로 할래?
내가 같이 주문할게.

예원　나는 야채 샐러드 할래. 위챗(微信 웨이신)으로 돈 보내줄게.

지아형　야채 샐러드 하나, 치킨 샐러드 하나 주문했어.

(30분 후)

배달원　여보세요, 배달 왔어요, 건물 입구에서 받아가세요.

예원　네, 잠시만 기다려주세요, 금방 내려갈게요.

句型与语法

1　多亏　덕분에, 다행히

다른 사람의 도움이나 혹은 일부 유리한 요소로 인해 불행한 일을 피했거나 더 큰 이익을 얻었을 때 사용되는 말로 다행스러움, 감격스러움의 어감을 포함한다.

Yǔ xià de zhēn dà,　duōkuī nǐ tíxǐng wǒ dài sǎn.
① 雨下得真大，多亏你提醒我带伞。
비가 정말 많이 내리네. 네가 나에게 우산을 챙기라고 미리 알려줘서 정말 다행이야.

Zhècì duōkuī nǐ,　yàobù wǒmen jiù mǎibuzháo piào le.
② 这次多亏你，要不我们就买不着票了。
이번에 정말 네 덕분이야, 안 그랬다면 우리는 표를 살 수 없었을 거야.

2　再说　게다가

접속사로써 구절을 연결하여 한층 더한 것을 의미하며, 원인이나 조건에 대해 보충설명을 해주는 의미로 자주 사용된다.

Míngtiān wǒmen yìqǐ qù kàn diànyǐng ba.
① A: 明天我们一起去看电影吧。　내일 우리 같이 영화 보러 가자.

Nǐ zìjǐ qù ba. Míngtiān wǒ yào zhǔnbèi Hànyǔ kǎoshì,　zàishuō,　wǒ yě bù xǐhuan kàn diànyǐng.
B: 你自己去吧。明天我要准备汉语考试，再说，我也不喜欢看电影。
너 혼자 가. 나는 내일 중국어시험을 준비해야 돼. 게다가, 나는 영화 보는 것을 좋아하지 않아.

Tài wǎn le,　jiù búyào qù zhǎo tā le,　zàishuō tā yě bù yídìng zàijiā.
② 太晚了，就不要去找他了，再说他也不一定在家。
너무 늦었으니 그를 찾으러 가지 말자. 게다가 그가 집에 없을 수도 있잖아.

3 听说 듣자하니

동사로 다른 사람의 말을 듣는다는 의미로 사용된다. 술어와 삽입구로 사용될 수 있고, 뒤에 명사와 짧은 구절이 따라올 수 있다.

Nǐ tīngshuō le ma,　Měinà jiāo le yí ge xīn nán péngyou.
① 你听说了吗，美娜交了一个新男朋友。
너 들었어? 미나가 새로운 남자친구를 사귀었다고 하네.

Tīngshuō míngtiān hěn lěng, nǐ duō chuān diǎnr yīfu.
② 听说明天很冷，你多穿点儿衣服。
내일 아주 춥대, 너 옷 좀 많이 입어.

4 该……了 ~할 때가 되다

(1) 동사 "순서대로 마땅히, 차례가 되다"

Wǒ shuō wán le,　gāi nǐ le.
① 我说完了，该你了。　　　　　나는 다 말했어, 네 차례야.

Shàngcì shì nǐ qǐng de kè,　zhècì gāi wǒ le.
② 上次是你请的客，这次该我了。　지난번에는 네가 샀으니, 이번에는 내 차례야.

*请客 qǐngkè 한턱내다

(2) 조동사 "~해야한다,(~하는 것이) 마땅하다"

Tài wǎn le,　wǒmen gāi zǒu le.
① 太晚了，我们该走了。　　　　　너무 늦었어, 우리는 이만 갈게.

Yǐjīng qī diǎn le,　gāi qǐchuáng le,　bié shuì le.
② 已经七点了，该起床了，别睡了。　이미 7시야, 일어나야 해, 그만 자.

句型与语法

5 **要不** 그렇지 않으면

(1) 접속사 "그렇지 않으면"이라는 뜻으로 쓰인다. 뒤에 결론 혹은 결과의 뜻을 나타내는 구절을 붙인다.

Wǒmen kuài diǎnr zǒu, yàobù chídào le.
① 我们快点儿走，要不迟到了。 우리 빨리 걸어야 해, 아니면 지각한다고.

Duōkuī wǒmen tíqián yùdìng le, yàobù jiù méi zuòwèi le.
② 多亏我们提前预定了，要不就没座位了。
우리가 사전에 예약을 해서 다행이다, 아니면 자리가 없을 뻔했어.

(2) 접속사 "~하든지, ~하든지"라는 뜻으로 쓰이기도 한다. 화자의 선택이나 건의를 나타낸다.

Huǒchē piào méi mǎidào, yàobù zuò fēijī qù ba.
① 火车票没买到，要不坐飞机去吧。 기차표를 못 샀으니, 차라리 비행기를 타고 가자.

Jīntiān tài wǎn le, yàobù wǒmen míngtiān zài qù ba.
② 今天太晚了，要不我们明天再去吧。 오늘은 너무 늦었어, 아니면 우리 내일 다시 가보자.

选词填空 괄호 안에 들어갈 알맞은 단어를 고르시오.

A 划算	B 空儿	C 通过	D 尝	E 多亏

01. ( )你的提醒，要不我就把手机忘在出租车上了。

02. 周末有( )吗？我想请你来我家吃饭。

03. 这道菜味道真不错，你( )一下。

04. 买一张两人套餐的团购券才108元，很( )。

05. 这次考试很难，我们班很多人都没( )。

排列顺序 문장순서에 맞게 배열하시오.

06. A. 艺元想请他吃饭

B. 如果大龙周末有时间

C. 因为她想感谢大龙对她的帮助 ( )

07. A. 艺元因为正在减肥

B. 所以她只点了蔬菜沙拉

C. 不想吃油腻的食物 ( )

完成句子 제시된 단어들을 바르게 연결하여 완성된 문장을 만들어 보시오.

08. 听说　　不错　　的　　这家　　味道　　饭店　　菜

_____

09. 我们　　要不　　外卖　　叫　　吃吧

_____

听力题 듣기 문제(내용을 듣고 맞으면 O를, 틀리면 X를 표시하시오.)

10. 他想预订周日晚上的座位。(　　　)

11. 周末可以使用团购券。(　　　)

12. 她需要到楼门口取外卖。(　　　)

• 연습문제 중 〈듣기 문제〉 10번~12번에 관련된 듣기 내용입니다.　　　🎧 05_06.mp3

Nín hǎo,　wǒ xiǎng yùdìng liǎng ge wèizi,　zhōuliù wǎnshàng liù diǎn zuǒyòu de.

10. 您好，我想预订两个位子，周六晚上6点左右的。

안녕하세요, 자리를 두 개 예약하고 싶은데, 토요일 저녁 6시쯤으로 부탁드립니다.

Bùhǎoyìsi,　zhōumò bù néng shǐyòng tuángòuquàn, dàn píngrì kěyǐ.

11. 不好意思，周末不能使用团购券，但平日可以。

죄송합니다만, 주말에는 공동구매 쿠폰을 사용할 수 없습니다. 하지만 평일에는 가능해요.

Nín hǎo,　nín de wàimài dàole,　qǐng dào lóu ménkǒu qǔ yí xià.

12. 您好，您的外卖到了，请到楼门口取一下。

여보세요, 주문하신 배달 도착했습니다, 건물 입구에서 받아가세요.

> *연습문제의 자세한 정답과 완성된 문장의 한어병음 및 해석은 뒤 부록에 실려있습니다.

제5과　연습문제 정답

01. E	02. B	03. D	04. A
05. C	06. BAC	07. ACB	08. 听说这家饭店的菜味道不错。
09. 要不我们叫外卖吃吧。	10. X	11. X	12. O

第六课 |

Warm-up 热身(导入) ··· 🎧 06_01.mp3

网红店 wǎnghóngdiàn
인플루언서 가게

果茶 guǒchá
과일차

奶茶 nǎichá
밀크티

星巴克 Xīngbākè
스타벅스

拿铁 nátiě
라떼

茶艺 cháyì
차 공예

생각해 보기

1.
Nǐ zhīdào shénme shì wǎnghóngdiàn ma? Shuōshuo nǐ shēnbiān de wǎnghóngdiàn.
你知道什么是网红店吗？说说你身边的网红店。
당신은 왕홍점(인플루언서 가게)이 무엇인지 아시나요? 주변의 왕홍점에 대해 말해보세요.

2.
Nǐ xǐhuan Xīngbākè de kāfēima?　　　Nǐ zuì xǐhuan hē shénme kǒuwèi de?
你喜欢星巴克的咖啡吗？你最喜欢喝什么口味的？
당신은 스타벅스의 커피를 좋아하시나요? 어떤 맛을 가장 즐겨 마시나요?

生词

 06_02.mp3

본문 1

网红	wǎnghóng	왕훙(온라인상의 유명 인사 '왕뤄훙런(网络红人)'을 줄인 말)
饮品	yǐnpǐn	음료
受欢迎	shòuhuānyíng	인기가 있다
排队	páiduì	줄을 서다
推荐	tuījiàn	추천하다
珍珠	zhēnzhū	진주, 타피오카 펄
奶茶	nǎichá	밀크티
人气	rénqì	인기
糖	táng	설탕
扫	sǎo	쓸다, 스캔하다

본문 2

香草拿铁	xiāngcǎonátiě	바닐라 라떼
美式	měishì	'아메리카노'의 줄임말
会员	huìyuán	회원
小票	xiǎopiào	영수증
吸管	xīguǎn	빨대
窗户	chuānghu	창문
脏	zāng	더럽다
擦	cā	문지르다, 닦다
到处	dàochù	도처에, 곳곳
年纪	niánjì	연령, 나이

课文 ①

🎧 06_03.mp3

Kǎitè
凯特

Qiánmiàn zěnme pái le nàme cháng de duì?
前面怎么排了那么长的队？

Jiāhéng
嘉恒

Nǐ bù zhīdào ma?　　Qiánmiàn yǒu yì jiā wǎnghóng yǐnpǐndiàn zuìjìn hěn shòuhuānyíng,
你不知道吗？前面有一家网红饮品店，最近很受欢迎，

měitiān dōu yǒu hěn duō rén páiduì.
每天都有很多人排队。

Yǒu nàme hǎohē ma?　　Wǒmen yě mǎi yì bēi chángchang ba.
有那么好喝吗？我们也买一杯尝尝吧。

Nà děi děng hǎojiǔ ne.
那得等好久呢。

Rúguǒ hǎohē de huà,　　dāngrán zhídé děng.
如果好喝的话，当然值得等。

80

케이트   앞쪽에 왜 이렇게 길게 줄이 서 있는 거지?

지아헝   너 몰라? 앞에 왕홍음료점(인플루언서 음료점)이 있는데, 요즘 인기가 많아서,
               매일 많은 사람들이 줄을 서잖아.

케이트   그렇게 맛있어? 우리도 한 잔 사서 맛보자.

지아헝   그럼 오래 기다려야겠네.

케이트   만약에 맛있으면, 당연히 기다릴 만하지.

课文 ①

🎧 06_04.mp3

(一个小时后 yí ge xiǎoshí hòu)

Zhōngyú pái dàole.
终于排到了。

Nínhǎo, nǐmen zhèr shénme mài de zuì hǎo? Gěi wǒ tuījiàn yíxià ba.
您好，你们这儿什么卖得最好？给我推荐一下吧。

Wǒmen zhèr zhēnzhū nǎichá mài de zuì hǎo, rénqì zuì gāo.
我们这儿珍珠奶茶卖得最好，人气最高。

Gěi wǒ lái liǎng bēi.
给我来两杯。

Dà bēi háishi zhōng bēi? Jǐ fēn táng?
大杯还是中杯？几分糖？

Zhōng bēi ba. Bàn táng, yì bēi jiā bīng, yì bēi bù jiā bīng.
中杯吧。半糖，一杯加冰，一杯不加冰。

Kěyǐ yòng zhīfùbǎo fùqián ma?
可以用支付宝付钱吗？

Kěyǐ, nín sǎo zhè ge èrwéimǎ jiù xíng.
可以，您扫这个二维码就行。

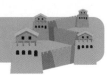

(한시간 후)

케이트 드디어 줄 다 섰네.
안녕하세요. 여기에서 뭐가 제일 잘 팔리나요? 추천 좀 해주세요.

점원 여기에서 버블 밀크티가 제일 잘 팔려요. 인기 최고예요.

케이트 두 잔 주세요.

점원 큰 사이즈요 아니면 중간 사이즈요? 설탕은 몇 프로로 할까요?

케이트 중간 사이즈요. 설탕은 반(50%), 한잔은 얼음 넣고, 한잔은 얼음 넣지 말고요.

지아헝 알리페이(支付宝 즈푸바오)로 지불해도 될까요?

점원 네, 이 QR코드만 스캔해주시면 됩니다.

课文 2

Fúwùyuán
服务员

Nín hǎo! Nín hē shénme?
您好！您喝什么？

Yìyuán
艺元

Wǒ lái yì bēi xiāngcǎo nátiě, zhōng bēi de. Nǐ ne, Dàlóng?
我来一杯香草拿铁，中杯的。你呢，大龙？

Dàlóng
大龙

Wǒ yào yì bēi rè měishì.
我要一杯热美式。

Yígòng wǔshísì kuài qián, yǒu huìyuánkǎ ma?
一共54块钱，有会员卡吗？

Yǒu. Gěi nín.
有。给您。

Gěi nín xiǎopiào, qǐng zài zhèbiān shāo děng yíxià. Táng hé xīguǎn zài nàbiān.
给您小票，请在这边稍等一下。糖和吸管在那边。

Wǒmen zuò nǎr, Yìyuán?
我们坐哪儿，艺元？

Zuò kào chuānghu de nàbiān ba. Wǒmen biān hē biān liáo.
坐靠窗户的那边吧。我们边喝边聊。

Hǎo, jiùshì zhuōzi yǒudiǎnr zāng. Wǒ qù ná zhǐjīn cā yíxià.
好，就是桌子有点儿脏。我去拿纸巾擦一下。

zài kāfēiguǎn diǎn yǐnpǐn
在咖啡馆点饮品 커피점에서 음료 주문하기

종업원 안녕하세요! 무슨 음료로 하시겠어요?

예원 바닐라 라떼 한 잔 주세요, 톨 사이즈요. 따롱, 너는?

따롱 따뜻한 아메리카노 한 잔 주세요.

종업원 모두 54위엔입니다. 회원카드 있나요?

예원 있어요. 여기요.

종업원 영수증 드릴테니, 이쪽에서 잠시만 기다려 주세요. 설탕과 빨대는 저쪽에 있어요.

따롱 우리 어디 앉을래, 예원아?

예원 창가 쪽에 앉자. 우리 마시면서 얘기하자.

따롱 좋아, 근데 테이블이 좀 더럽네. 휴지 좀 가져와서 닦을게.

🎧 06_06.mp3

(坐下后 zuò xià hòu)

Duì le, Dàlóng, wǒ tīngshuō Zhōngguó rén xǐhuan hē chá.
对了，大龙，我听说中国人喜欢喝茶。

Dànshì wèishénme dàochù dōu shì kāfēi diàn, hěn shǎo kàndào chádiàn?
但是为什么到处都是咖啡店，很少看到"茶店"？

Wǒmen bú jiào chádiàn, jiào cháguǎn.
我们不叫"茶店"，叫"茶馆"。

Xiànzài de niánqīng rén bǐjiào xǐhuan hē kāfēi,
现在的年轻人比较喜欢喝咖啡，

niánjì dà diǎnr de rén gèng xǐhuan hē chá.
年纪大点儿的人更喜欢喝茶。

Yǒu jīhuì wǒmen qù cháguǎn hē chá ba.
有机会我们去茶馆喝茶吧。

Méi wèntí.
没问题。

(앉은 후)

예원 참, 따롱아, 중국 사람들은 차 마시는 걸 좋아한다고 들었어.
그런데 왜 여기저기 모두 커피전문점이고, 찻집(茶店 챠띠엔)은 거의 보이지 않는 거지?

따롱 우리는 茶店(챠띠엔)이라고 부르지 않고, 茶馆(챠관)이라고 불러.
요즘 젊은 사람들은 커피 마시는 걸 더 좋아하고, 연세 드신 분들은 차 마시는 걸 더 좋아해.

예원 기회 되면 우리 같이 차 마시러 茶馆(챠관)에 가자.

따롱 좋아.

句型与语法

1 有......(那么/这么)...... ~만큼(처럼) ~하다

여기서 "有"는 수량, 성질 등이 어느 정도에 도달했음을 나타낸다. "这么/那么"와 함께 사용하며 비슷한 것과의 비교를 나타낸다. 부정형은 "没有"를 사용한다.

Tā yǒu nǐ shuō de nàme shuài ma?
① 他有你说的那么帅吗？   그는 당신이 말한 것만큼 그렇게 잘생겼나요?

Érzi méiyǒu bàba zhème gāo.
② 儿子没有爸爸这么高。   아들은 아버지만큼 크지 않습니다.

*帅 shuài 잘생기다, 멋지다

2 如果......的话 만약 ~하다면

가설을 나타내는데, 뒤의 구절은 판단을 하거나 결론을 얻는다. "如果"와 "的话"는 단독으로 사용할 수 있다.

Chūxiàn shénme wèntí de huà, qǐng gěi wǒ dǎ diànhuà.
① 出现什么问题的话，请给我打电话。   만약 문제가 생기면 저에게 전화를 주세요.

Rúguǒ nǐ bù máng de huà, míngtiān kěyǐ lái bāng wǒ yíxià ma?
② 如果你不忙的话，明天可以来帮我一下吗？
만약에 네가 바쁘지 않다면, 내일 와서 나를 도와줄 수 있어?

3 值得 할 만하다

동사로 쓰여, 좋은 점이 있고 가치가 있으며 의미가 있음을 나타낸다. 뒤에 동사구나 짧은 구절이 따라올 수 있고 정도 부사의 수식으로 표현 가능하다. 부정형식은 "不值得"를 사용한다.

Zhè běn shū tài yǒuyìsi le,　　hěn zhídé dú.
① 这本书太有意思了，很**值得**读。　이 책은 너무 재밌어, 읽을 가치가 있어.

Jiù wèile yìdiǎn xiǎo shìr,　　tāmen liǎ jiù fēnshǒu le,　　tài bù zhídé le.
② 就为了一点小事儿，他们俩就分手了，太**不值得**了。
이렇게 작은 일로 그 둘은 헤어졌어, 너무 바람직하지 못해.

*分手 fēnshǒu 헤어지다

句型与语法

4 终于 드디어

부사로써 비교적 긴 과정 뒤의 마지막에 어떠한 결과가 나타냄을 뜻한다. 대부분은 희망컨대 도달하고자 하는 결과를 나타내는데 쓰인다.

Jīngguò yí duàn shíjiān de nǔlì,　tā zhōngyú tōngguò le kǎoshì.
① 经过一段时间的努力，他终于通过了考试。
일정 기간 동안 노력하고 나서, 그는 드디어 시험에 통과됐다.

Bǐsài chíxù le liǎng ge duō xiǎoshí,　zhōngyú jiéshù le.
② 比赛持续了两个多小时，终于结束了。　두 시간 동안 지속했던 시합은 드디어 끝났다.

*持续 chíxù 지속하다

5 边……边…… ~하면서 ~하다

"边"의 뒤에는 동사가 따라 오는데 두 개 혹은 세 개의 동사를 연속적으로 사용할 수 있으며, 이는 여러 동작들이 동시에 진행할 수 있음을 나타낸다.

Zánmen biān hē kāfēi biān děng, zěnmeyàng?
① 咱们边喝咖啡边等，怎么样？　　우리 커피를 마시면서 기다려요, 어때요?

Tóngxuémen biān chàng biān tiào, jiàoshì lǐ rènao jí le.
② 同学们边唱边跳，教室里热闹极了。
학생들이 노래를 하면서 춤을 추고 있어 교실 안은 아주 시끌벅적하였다.

*热闹 rènao 번화하다

练习题

괄호 안에 들어갈 알맞은 단어를 고르시오.

A 到处	B 值得	C 推荐	D 脏	E 受欢迎

01. 他很喜欢看书，宿舍里(　　　　)都是书。

02. 服务员向客人(　　　　)他们的特色菜。

03. 教室里又(　　　　)又乱，我们一起收拾一下吧。

04. 云南大理的风景非常漂亮，(　　　　)再去一次。

05. 这是一家网红咖啡店，很(　　　　)，每天有很多人排队。

完成对话 괄호 안의 단어를 사용하여 대화의 내용을 완성하시오.

06. A: 现在从北京到上海需要多长时间？

　　B: _____。(如果……的话)

07. A: 我们去星巴克坐一会，怎么样？

　　B: 好呀，_____。(边……边……)

91

完成句子 제시된 단어들을 바르게 연결하여 완성된 문장을 만들어 보시오.

08. 吗　可以　支付宝　用　付钱

_____

09. 年轻人　喜欢　比较　喝　现在的　咖啡

_____

听力题 듣기 문제(대화를 듣고 질문에 맞는 정답을 고르시오.)

10. A. 饮品店　　　B. 商店　　　C. 超市　　　D. 书店
11. A. 奶茶　　　　B. 热美式　　C. 冰美式　　D. 香草拿铁
12. A. 咖啡店　　　B. 饮品店　　C. 茶馆　　　D. 饭店

*연습문제의 자세한 정답과 완성된 문장의
한어병음 및 해석은 뒤 부록에 실려있습니다.

• 연습문제 중 〈듣기 문제〉 10번~12번에 관련된 듣기 내용입니다.

🎧 06_07.mp3

Nǐ tīngshuōguo xǐchá ma?
10. 男: 你听说过喜茶吗?

남자: 너 헤이티(喜茶 희차) 들어본 적 있어?

Tā búshì wǎnghóng yǐnpǐn diàn ma?　Zuìjìn hěn shòu huānyíng.
女: 它不是网红饮品店吗? 最近很受欢迎。

여자: 그거 왕훙음료점 아니야? 최근에 아주 인기가 많아.

Xǐchá shì shénme?
问: 喜茶是什么?

질문: 헤이티는 무엇인가요?

Nín hē shénme?
11. 女: 您喝什么?

여자: 무엇을 드릴까요?

Wǒ yào yì bēi rè měishì.
男: 我要一杯热美式。

남자: 따뜻한 아메리카노 한 잔 주세요.

Nánde yào hē shénme?
问: 男的要喝什么?

질문: 남자는 무엇을 마시나요?

Nǐ píngshí xǐhuan hē shénme?
12. 男: 你平时喜欢喝什么?

남자: 너 평소에 어떤 걸 즐겨 마셔?

Wǒ bǐjiào xǐhuan hē chá.
女: 我比较喜欢喝茶。

여자: 난 차 마시기를 좋아해.

Wǒ duì Zhōngguó de chá wénhuà fēicháng gǎn xìngqù.
男: 我对中国的茶文化非常感兴趣。

남자: 나는 중국의 차 문화에 대해 아주 관심이 많아.

Yǒu jīhuì,　wǒ qǐng nǐ qù cháguǎn hē chá.
女: 有机会, 我请你去茶馆喝茶。

여자: 기회가 되면 내가 너를 찻집(茶馆)에 초대할게.

Tài hǎo le.
男: 太好了。

남자: 너무 좋아.

Nǔde yào qǐng nánde qù nǎr hē chá?
问: 女的要请男的去哪儿喝茶?

질문: 여자는 남자를 어디로 초대하여 차를 마시려고 하나요?

제6과　연습문제 정답

01. A	02. C	03. D	04. B
05. E	06. (예시)如果坐动车的话, 需要5个小时左右。	07. (예시)我们可以边喝 咖啡边聊天。	08. 可以用支付宝付钱吗?
09. 现在的年轻人 比较喜欢喝咖啡。	10. A	11. B	12. C

你知道中国四大城市"北上广深"的代表菜吗?

北京烤鸭是具有世界声誉的北京著名菜式。用料为优质肉食鸭北京鸭，果木炭火烤制，以色泽红艳，肉质细嫩，味道醇厚，肥而不腻的特色，被誉为"天下美味"。

上海醉蟹是一道上海的地方传统名菜，属于本帮菜菜系中很有特色的菜式之一。醉蟹个体完整，色泽青中泛黄，具有肉质细嫩、味极鲜美、酒香浓郁、口味甘甜的特点，为宴上珍品。

虾饺是广州很有名的一种食物。皮白如冰，薄如纸，半透明，肉馅隐约可见，吃起来爽滑清鲜，美味诱人。里边的馅料有肉、虾和笋等。是当地早晚茶市必备的菜式之一。

深圳的特产以沙井蚝最著名。沙井鲜蚝富含很高的蛋白质，干淀粉等营养成分，被誉为"海底牛奶"，用它来清蒸、酥炸，都特别鲜美可口，而且含有丰富的蛋白质和维生素哟!

당신은 중국의 4대도시 "북상광심"의 대표 요리를 아시나요?

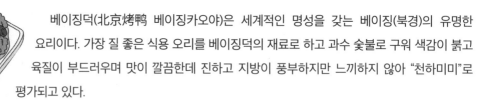

베이징덕(北京烤鸭 베이징카오야)은 세계적인 명성을 갖는 베이징(북경)의 유명한 요리이다. 가장 질 좋은 식용 오리를 베이징덕의 재료로 하고 과수 숯불로 구워 색감이 붉고 육질이 부드러우며 맛이 깔끔한데 진하고 지방이 풍부하지만 느끼하지 않아 "천하미미"로 평가되고 있다.

상하이취게(上海醉蟹 상하이쮀이시에) 상하이(상해) 지방의 전통적인 요리이며 상하이 번방(本帮) 지역 음식 중에 가장 특색 있는 요리이다. 상하이취게는 개체마다 모양이 온전하고 그 색감은 청색 가운데 노란색이 감돈다. 육질은 부드럽고 신선하며, 술 향이 짙고 맛이 달콤한 특징 등 연회에서의 진품으로 불린다.

새우딤섬(虾饺 샤쟈오)은 광죠우(광주)에서 유명한 음식이다. 껍질은 얼음처럼 희고 종이처럼 얇고 반투명하며 고기소가 희미하게 보이고 먹었을 때 부드럽고 신선하며 맛있고 매력적이다. 안에 들어가는 재료로는 고기, 새우, 죽순 등이 있다. 그 지역 아침 및 저녁 시 차 시장에 꼭 필요한 요리 중 하나이다.

선전(심천)의 특산물 가운데 가장 유명한 것은 샤징하오(沙井蚝 굴의 일종)이다. 샤징하오에는 아주 높은 함량의 담백질과 녹말 등 영양 성분들이 들어 있어서 "바다 밑 우유"라는 별칭도 갖는다. 샤징하오는 찌거나 튀겨 요리하면 그 맛이 아주 훌륭하다. 뿐만 아니라, 샤징하오는 풍부한 단백질과 비타민도 포함되어 있다!

| 쇼핑편 | 购物篇 | 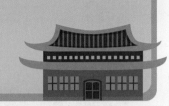 |

단원주제 单元话题	구매와 교환 반품 Gòuwù yǔ tuìhuàn huò 购物与退换货
학습목표 学习目标	쇼핑몰 구매와 온라인 구매 시 자주 사용하는 말들을 파악하고 활용하기 쇼핑과 관련된 주제들에 대해 대화 및 토론하기 Shúliàn zhǎngwò shāngchǎng gòuwù yǔ wǎngshàng gòuwù de chángyòng yǔ Néng duì gòuwù xiāngguān huàtí jìnxíng duìhuà yǐjí tǎolùn 熟练掌握商场购物与网上购物的常用语 能对购物相关话题进行对话以及讨论
핵심어휘 重点词语	liúxíng | kuǎnshì | dǎzhé | guàng | bǎozhìqī | kèfú | zhèngpǐn 流行 | 款式 | 打折 | 逛 | 保质期 | 客服 | 正品 tígōng | bǎozhèng | miǎnfèi | fāhuò | kuàidì | jiànyì | shàng mén qǔ huò 提供 | 保证 | 免费 | 发货 | 快递 | 建议 | 上门取货
어법포인트와 문형 语法点或句型	yuè lái yuè...... | duō | shìhé/héshì | duì......gǎnxìngqù | yīlái......èrlái...... 越来越...... | 多 | 适合/合适 | 对......感兴趣 | 一来......二来...... jīhū | bìngqiě | guàibude | wèi | rènhé 几乎 | 并且 | 怪不得 | 为 | 任何 nǎr | jíshǐ......yě | V lái V qù | bāo | kǒngpà 哪儿 | 即使......也 | V来V去 | 包 | 恐怕

第七课 | 의류매장에서 유행하는 옷 구입하기, 찻집에서 녹차 구입하기와 관련된 대화

服装店 fúzhuāngdiàn
옷가게

时装秀 shízhuāng xiù
패션쇼

讨价还价 tǎojiàhuánjià
가격을 흥정하다

打折 dǎzhé
할인하다

尺码 chǐmǎ
치수

绿色食品 lǜsè shípǐn
녹색식품

생각해 보기

1.
Nǐ jīngcháng kàn shízhuāng xiù ma? Nǐ huì mǎi tóngkuǎn de yīfu ma?
你经常看时装秀吗? 你会买同款的衣服吗?
당신은 패션쇼를 자주 보나요? 동일한 디자인의 옷을 구입하나요?

2.
Nǐ mǎi dōngxi shí,　 huì tǎojiàhuánjià ma?　 Nǐ zhīdào yòng Hànyǔ zěnme shuō ma?
你买东西时, 会讨价还价吗? 你知道用汉语怎么说吗?
당신은 물건을 살 때, 가격 흥정을 하나요? 중국어로 어떻게 말하는지 알고 있나요?

生词

🎧 07_02.mp3

본문 1

厚	hòu	두껍다, 두텁다
外套	wàitào	외투, 코트
流行	liúxíng	유행(하다)
款式	kuǎnshì	디자인
明星	míngxīng	인기 있는 배우나 운동선수, 스타
试衣间	shìyījiān	탈의실
时尚	shíshàng	세련되다, 트렌디하다
打折	dǎzhé	할인하다
逛	guàng	돌아다니다, 거닐다
肯定	kěndìng	분명히, 확실히, 틀림없이

본문 2

质量	zhìliàng	질, 품질
包装	bāozhuāng	포장(하다)
精美	jīngměi	정교하다
香	xiāng	향기롭다
添加	tiānjiā	첨가하다
自然	zìrán	자연, 천연
保质期	bǎozhìqī	유통 기간
礼盒	lǐhé	선물함
低	dī	낮다
注册	zhùcè	가입하다

课文 ①

🎧 07_03.mp3

Yìyuán 艺元

Zuìjìn tiānr yuè lái yuè lěng le, wǒ xiǎng mǎi jiàn hòu diǎnr de wàitào.
Nǐ bāng wǒ kànkan, nǎ jiàn hǎokàn?

最近天儿越来越冷了，我想买件厚点儿的外套。
你帮我看看，哪件好看？

Dàlóng 大龙

Shìshi zhè jiàn ba, zhè shì jīnnián zuì liúxíng de kuǎnshì, hěnduō míngxīng dōu zài chuān.

试试这件吧，这是今年最流行的款式，很多明星都在穿。

Quèshí hěn hǎokàn. Wǒ shì yíxià ba.
(zhuǎn xiàng diànyuán) Nín hǎo, zhè jiàn yīfu wǒ kěyǐ shì yíxià ma?

确实很好看。我试一下吧。
(转向店员)您好，这件衣服我可以试一下吗？

Diànyuán 店员

Kěyǐ, nín chuān duō dà hào de?

可以，您穿多大号的？

S hào de.

S号的。

Shìyījiān zài nàbiān, nín qù shì yíxià ba.

试衣间在那边，您去试一下吧。

(几分钟后 jǐ fēnzhōng hòu)

Dàlóng, nǐ juéde wǒ chuān zhè jiàn zěnmeyàng?

大龙，你觉得我穿这件怎么样？

Zhè jiàn hěn shìhé nǐ, kànqǐlái hěn shíshàng. Duōshǎo qián?

这件很适合你，看起来很时尚。多少钱？

Tiān a, yào yíwàn èr ne. Tài guì le.

天啊，要一万二呢。太贵了。

Wǒ gūjì xīnkuǎn kěnéng bù dǎzhé. Yàobù wǒmen zài guàngguang, qítā diàn kěndìng
yě yǒu tóngkuǎn.

我估计新款可能不打折。要不我们再逛逛，其他店肯定
也有同款。

98

예원　요즘 날씨가 점점 더 추워졌어. 나 두꺼운 코트를 좀 사고 싶어. 나 좀 봐줘, 어떤 게 예뻐?

따롱　이거 입어봐. 이게 올해 가장 유행하는 스타일인데, 많은 스타들이 다 입고 다녀.

예원　확실히 예쁘네. 한번 입어 볼게. (점원을 향해) 안녕하세요, 이 옷 한번 입어 봐도 될까요?

점원　네, 사이즈 몇 입으세요?

예원　S사이즈요.

점원　탈의실(피팅룸)은 저쪽이에요. 가서 입어 보세요.

(몇분 후)

예원　따롱아, 내가 입은 이 옷 어떤 거 같아?

따롱　이거 너한테 정말 잘 어울려, 스타일리시해 보여. 얼마야?

예원　세상에, 12,000위엔이야. 너무 비싸다.

따롱　신상이라 아마 할인 안 될 것 같아. 아니면 좀 더 둘러보자, 다른 가게에 분명히
　　　같은 스타일이 있을 거야.

课文 ②

🎧 07_04.mp3

Diànyuán
店员

Nín xiǎng yào shénme chá?
您想要什么茶？

Dàlóng
大龙

Wǒ yǒu yí wèi wàiguó péngyou duì zhōngguó de chá wénhuà fēicháng gǎn xìngqù,
我有一位外国朋友对中国的茶文化非常感兴趣，

wǒ xiǎng mǎi diǎnr chá sòng gěi tā.
我想买点儿茶送给她。

Nín néng bāng wǒ tuījiàn jǐ zhǒng ma?
您能帮我推荐几种吗？

Sòng rén dehuà, wǒ tuījiàn zhè zhǒng lǜchá.
送人的话，我推荐这种绿茶。

Yīlái zhìliàng hěn hǎo, èrlái bāozhuāng jīngměi.
一来质量很好，二来包装精美。

Shì jīnnián de xīnchá ma?
是今年的新茶吗？

Shì xīnchá, nǐ kěyǐ shì hē yíxià, hěn xiāng ba?
是新茶，你可以试喝一下，很香吧？

Zhè zhǒng cháyè shì "lǜsè shípǐn", wú tiānjiā、 zìrán、 jiànkāng.
这种茶叶是"绿色食品"，无添加、自然、健康。

100

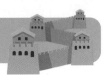

cháyè diàn nèi
茶叶店内 찻잎 파는 가게 안에서

점원   어떤 차를 원하시나요?

따롱   저는 중국 차 문화에 대해 매우 흥미를 가지고 있는 외국인 친구가 한 명 있는데,
차를 좀 사주고 싶어요. 몇 가지만 추천해주시겠어요?

점원   선물을 하신다면, 이 녹차를 추천해요.
첫째 품질이 좋고, 둘째는 포장이 정교해요.

따롱   올해 산 새로운 차죠?

점원   새 차예요, 한번 마셔봐도 돼요, 향이 좋죠?
이런 찻잎은 '녹색식품'으로, 무첨가에 천연이고 건강해요.

🎧 07_04.mp3

Bǎozhìqī shì duōcháng shíjiān?
保质期是多长时间？

Yìnián.
一年。

Zhè zhǒng chá zěnme mài?
这种茶怎么卖？

Dài lǐhé, yígòng wǔ bǎi bā shí.
带礼盒，一共580。

Tài guì le. Wǒ mǎi liǎng hé, kěyǐ piányi diǎnr ma?
太贵了。我买两盒，可以便宜点儿吗？

Yǐjīng zuì dī jià le.
已经最低价了。

Zhèyàng ba, nǐ zhùcè yí ge wǒmen diàn de huìyuán, xīn huìyuán kěyǐ dǎ jiǔ wǔ zhé.
这样吧，你注册一个我们店的会员，新会员可以打九五折。

Hǎo ba, qǐng gěi wǒ bāozhuāng yíxià.
好吧，请给我包装一下。

따롱 유통 기한은 얼마나 되나요?

점원 일년이에요.

따롱 이런 차는 얼마에요?

점원 선물함까지 해서, 총 580위엔이에요.

따롱 너무 비싸네요. 두 통 구입할 건데 좀 깎아주실 수 있나요?

점원 이미 최저가에요.
이렇게 해 보세요, 우리 가게의 회원 등록을 하시면, 신규 회원은 5% 할인을(할인해서 95%에)
받을 수 있어요.

따롱 좋아요, 포장해 주세요.

句型与语法

1 越来越…… 갈수록 ~하다

정도가 시간에 따라 이동하거나 변화됨을 나타낸다.

Wǒ yuè lái yuè xǐhuan chī Zhōngguó cài le.
① 我越来越喜欢吃中国菜了。

나는 중국요리 먹는 것이 갈수록 좋아진다.

Tiānqì yuè lái yuè lěng le.
② 天气越来越冷了。

날씨가 점점 더 추워진다.

2 多 얼마나

多는 형용사로 쓰일 때는 "많다"라는 뜻을 나타낸다. 부사로 쓰일 때는 "얼마나"라는 뜻으로 의문문에 사용되며, 뒤에 단음절의 형용사가 주로 오는데 수량이나 정도 등을 물어보는 표현을 나타낸다. "有"와 함께 자주 사용된다.

Nǐ yǒu duō gāo?
① A: 你有多高？

A : 키가 몇이에요?

Wǒ yì mǐ liù.
B: 我一米六。

B : 저는 160cm입니다.

Duō dà de háizi cái néng cānjiā zhècì de huódòng?
② 多大的孩子才能参加这次的活动？

몇 살짜리 아이여야만 이번 행사에 참가할 수 있나요?

*活动 huódòng (동) 활동하다
(명) 활동, 운동, 행사

3 适合 / 合适 알맞다, 적합하다

이 두 단어들은 모두 적당하고 요구에 부합된다는 의미를 갖고 있지만, 단어의 성질과 사용법에 있어서 차이가 있다.

(1) "适合"는 동사로 뒤에 동사, 명사 혹은 대명사가 목적어로 자주 따라온다.

(2) "合适"는 형용사로 직접 명사를 수식할 수 있고 형용사 형태의 술어로 될 수 있으며 그 뒤에는 목적어를 붙일 수 없다.

    Nǐ shìhé chuān yánsè xiānyàn de yīfu.   / Nǐ chuān yánsè xiānyàn de yīfu hěn héshì.

① 你适合穿颜色鲜艳的衣服。/ 你穿颜色鲜艳的衣服很合适。
    당신은 색상이 화려한 옷을 입는 것이 잘 어울려요.

    Tā yìzhí méi zhǎodào héshì de gōngzuò. / Tā yìzhí méi zhǎodào shìhé tā de gōngzuò.

② 他一直没找到合适的工作。/他一直没找到适合他的工作。
    그는 줄곧 적당한 일을 찾지 못했다. / 그는 줄곧 그에게 적합한 일을 찾지 못했다.

                              *鲜艳 xiānyàn 화려하다, 선연하다

句型与语法

4 (对......) 感兴趣 (~에 대해) 흥미가 있다

사물에 대한 좋아함, 흥미를 나타낸다. 정도부사 "很", "非常", "一点儿也不" 등의 수식을 받을 수 있다. 부정형식은 "不感兴趣"를 사용한다.

Tā cóngxiǎo jiù duì Zhōngguó lìshǐ hěn gǎn xìngqù.
① 他从小就对中国历史很感兴趣。　그는 어렸을 때부터 중국의 역사에 관심이 많았다.

Duìyú nánrén láishuō,　zúqiú yǒngyuǎn shì tāmen zuì gǎn xìngqù de huàtí.
② 对于男人来说，足球永远是他们最感兴趣的话题。
남자에게 있어서, 축구는 언제나 그들이 가장 흥미를 갖는 화제이다.

*历史 lìshǐ 역사
*话题 huàtí 화제, 논제

5 一来......二来...... 첫째로는~, 둘째로는~

두 가지 측면에서 원인 혹은 목적을 서술한다.

Wǒmen jiù qù zhège chāoshì ba,　yīlái dōngxi hǎo,　èrlái jiàgé yě piányi.
① 我们就去这个超市吧，一来东西好，二来价格也便宜。
우리 이 슈퍼에 가자, 첫째는 물건이 좋고, 둘째는 가격도 저렴해.

Bié mǎi zhè jiàn yīfu le,　yīlái tài guì le,　èrlái bù hǎokàn.
② 别买这件衣服了，一来太贵了，二来不好看。
이 옷은 사지 마, 첫째는 너무 비싸고, 둘째는 좋아 보이지 않아.

练习题

괄호 안에 들어갈 알맞은 단어를 고르시오.

A 流行	B 打折	C 逛	D 肯定	E 适合

01. 凯特和艺元经常一起去(　　　　)街。

02. 这是今年最(　　　　)的款式，卖得很火。

03. 黑色的毛衣非常(　　　　)她，看起来很时尚。

04. 每到换季时，商场的衣服都会(　　　　)。

05. 下班高峰期，路上(　　　　)堵车，我们还是坐地铁去机场吧。

문장순서에 맞게 배열하시오.

06. A. 这种茶是"绿色食品"

　　　B. 所以我决定买它

　　　C. 喝起来也很香　　　　　　　　(　　　　　　)

07. A. 二来包装精美

　　　B. 一来这种茶质量很好

　　　C. 我推荐你买这种绿茶　　　　　(　　　　　　)

完成句子 제시된 단어들을 바르게 연결하여 완성된 문장을 만들어 보시오.

08. 非常   她   中国的   对   茶文化   感兴趣

    _____

09. 最近   了   越来越   天儿   冷

    _____

根据课文内容判断对错 본문 내용에 근거하여 맞으면 O를, 틀리면 X를 표시하시오.

10. 艺元想买的那件外套很时尚。(   )

11. 艺元试穿了那件外套。(   )

12. 大龙买了三盒茶。(   )

*연습문제의 자세한 정답과 완성된 문장의
한어병음 및 해석은 뒤 부록에 실려있습니다.

제7과 연습문제 정답

01. C	02. A	03. E	04. B
05. D	06. ACB	07. CBA	08. 她对中国的茶文化非常感兴趣。
09. 最近天儿越来越冷了。	10. O	11. O	12. X

Warm-up 热身(导入)

08_01.mp3

购物狂欢节 gòuwù kuánghuānjié
쇼핑 블랙 프라이데이

购物车 gòuwùchē
쇼핑카트

快递 kuàidì
택배

鞋码 xiémǎ
신발 사이즈

优惠券 yōuhuìquàn
우대권

货到付款 huò dào fùkuǎn
착불 결제

생각해 보기

1. Nǐ zhīdào Zhōngguó de "hēisè xīngqīwǔ" shì jǐ yuè jǐ hào ma?

你知道中国的"黑色星期五"是几月几号吗?

당신은 중국의 "블랙 프라이데이"가 몇 월 며칠인지 아시나요?

2. Nǐ jīngcháng zài wǎngshàng mǎi dōngxi ma? Nǐ jīngcháng mǎi dōngxi de wǎngzhàn yǒu shénme?

你经常在网上买东西吗? 你经常买东西的网站有什么?

당신은 자주 온라인에서 물건을 사나요? 자주 물건을 사는 사이트는 어떤 것들이 있나요?

生词

본문 1

狂欢	kuánghuān	미친 듯이 기뻐하다		熊猫眼	xióngmāoyǎn	다크서클
所有	suǒyǒu	모든, 일체의		月光族	yuèguāngzú	월광족 [매달 자신의 월수입을 다 써버리는 사람들을 이르는 말]
力度	lìdù	힘, 역량, 강도		吃土	chītǔ	(돈을 다 써서)돈이 없다, 돈이 다 떨어지다 [인터넷 신조어]
熬夜	áoyè	밤을 새다		麻辣香锅	málàxiāngguō	마라샹궈
俩	liǎ	두 사람, 두 개		购物狂	gòuwùkuáng	쇼핑 중독(자), 쇼핑광

본문 2

正品	zhèngpǐn	정품		退换	tuìhuàn	산 물건을 다른 물건과 바꾸다[교환하다]
保证	bǎozhèng	보증하다		运费险	yùnfèixiǎn	운송 보험
厘米	límǐ	센티미터(cm)		免费	miǎnfèi	무료로 하다
提供	tígōng	제공하다		拍	pāi	치다, 결정하다 ['(경매에서 가격이 결정되면 책상을)치다'에서 유래]
理由	lǐyóu	이유		发货	fāhuò	발송하다

111

课文 ①

Dàlóng
大龙

Kǎitè, nǐ jīntiān mǎi dōngxi le ma?
凯特，你今天买东西了吗？

Kǎitè
凯特

Méiyǒu ā, zěnme le?
没有啊，怎么了？

"Shuāng shíyī" gòuwù kuánghuānjié, nǐ wàng le ma?
"双十一"购物狂欢节，你忘了吗？

Wǎngshàng jīhū suǒyǒu de dōngxi dōu zài dǎzhé, bìngqiě dǎzhé lìdù hěn dà.
网上几乎¹所有的东西都在打折，并且²打折力度很大。

Duì ò, wǒ chàdiǎnr wàng le jīntiān shì shíyī yuè shíyī rì. Nǐ mǎi le hěn duō dōngxi ma?
对哦，我差点儿忘了今天是11月11日。你买了很多东西吗？

Duì ā, wǒ hěn zǎo jiù bǎ xiǎng mǎi de dōngxi fàng jìn gòuwùchē le, zuótiān wǎnshang áoyè mǎi wán le.
对啊，我很早就把想买的东西放进购物车了，昨天晚上熬夜买完了。

Guàibude nǐ liǎ yǎnjīng dōu chéng xióngmāoyǎn le.
怪不得³你俩眼睛都成熊猫眼了。

Ài, wǒ zhè ge yuè yòu chéng yuèguāngzú le, yòu yào chī tǔ le.
唉，我这个月又成月光族了，又要吃土了。

Méi guānxi, jīntiān wǒ qǐng nǐ chī fàn ba. Qù chī nǐ zuì xǐhuan de málàxiāngguō, zěnmeyàng?
没关系，今天我请你吃饭吧。去吃你最喜欢的麻辣香锅，怎么样？

Bú qù le. Wǒ xiǎng kànkan wǎngshàng háiyǒu shénme huásuàn de dōngxi.
不去了。我想看看网上还有什么划算的东西。

Dōu méi qián le, hái mǎi a? Nǐ zhēn shì gè gòuwùkuáng.
都没钱了，还买啊？你真是个购物狂。

Hā hā, gòuwù shì wǒ zuì dà de àihào.
哈哈，购物是我最大的爱好。

따롱 케이트, 너 오늘 물건샀니?

케이트 아니, 왜?

따롱 "쌍스이"쇼핑 페스티벌을 잊은 거야?
인터넷의 거의 모든 쇼핑몰이 할인을 하는 데다가 할인율도 매우 커.

케이트 맞다, 하마터면 오늘이 11월 11일인 것을 잊을 뻔했어. 너는 물건을 많이 샀니?

따롱 그럼, 난 일찌감치 사고 싶은 것들을 장바구니에 넣어 놓고 어제 밤새서 다 샀지.

케이트 어쩐지 네 두 눈에 다크서클이 생겼더라.

따롱 아, 난 이번 달에 또 월광족이 되어서 또 흙만 먹어야 해.

케이트 괜찮아, 오늘 내가 밥 살게. 네가 제일 좋아하는 마라샹궈 먹으러 가는 거 어때?

따롱 안 갈래. 난 인터넷에 또 무슨 가성비 좋은 물건이 있는지 보고 싶어.

케이트 돈도 없는데, 그래도 산다고? 넌 정말 쇼핑 중독이네.

따롱 하하, 쇼핑이 내 가장 큰 취미라고.

课文 2

🎧 08_04.mp3

kèfú 客服

Nín hǎo, qīn, hěn gāoxìng wèi nǐ fúwù.
您好，亲，很高兴为你服务。

Kǎitè 凯特

Nǐ hǎo, wǒ xiǎng mǎi zhèshuāng Nàikè yùndòngxié, shì zhèngpǐn ba?
你好，我想买这双耐克运动鞋，是正品吧？

Nín fàngxīn, bǎozhèng shì zhèngpǐn.
您放心，保证是正品。

Wǒ jiǎo cháng èrshí sì diǎn wǔ límǐ, yīnggāi mǎi duō dà hào de?
我脚长24.5厘米，应该买多大号的？

Sānshí jiǔ hào de jiù kěyǐ.
39号的就可以。

고객서비스	안녕하세요, 고객님, 도움을 드리게 되어 기쁩니다.
케이트	안녕하세요, 이 나이키 운동화 사고 싶은데, 정품이죠?
고객서비스	안심하세요, 정품임을 보증합니다.
케이트	제 발 치수가 24.5 센티미터인데, 어떤 사이즈를 사야 하나요?
고객서비스	39사이즈면 됩니다.

课文 2

Rúguǒ bù héshì zěnme bàn?
如果不合适怎么办？

Běndiàn tígōng qī tiān wú lǐyóu tuìhuàn huò,　bìngqiě sòng nín yùnfèixiǎn,
本店提供七天无理由退换货，并且送您运费险，

yǒu rènhé bù mǎnyì,　nín dōu kěyǐ miǎnfèi tuìhuàn.
有任何不满意，您都可以免费退换。

Jīntiān yǒu shénme yōuhuì huódòng ma?
今天有什么优惠活动吗？

Nín kěyǐ lǐng yíxià yōuhuìquàn,　xiànzài mǎn sānbǎi jiǎn èrshí.
您可以领一下优惠券，现在满300减20。

Nà wǒ qù pāi le.
那我去拍了。

Hǎo de,　míngtiān fāhuò.
好的，明天发货。

Dàyuē jǐ tiān néng dào?
大约几天能到？

Zuìjìn kuàidì yǒudiǎn màn,　kěnéng děi sì tiān zuǒyòu.
最近快递有点慢，可能得四天左右。

케이트　　　만약 맞지 않으면 어떻게 하죠?

고객서비스　　저희 쇼핑몰에서는 7일 내 무조건 교환할 수 있도록 해드립니다.
　　　　　　　또한 운송보험을 해드리므로, 어떠한 불만이 있어도 모두 무료로 교환 가능합니다.

케이트　　　오늘 무슨 할인 행사가 있나요?

고객서비스　　할인쿠폰을 받으실 수 있어요, 지금 300위엔을 채우시면 20위엔을 할인해 드립니다.

케이트　　　그럼 가서 담을게요.

고객서비스　　네, 내일 발송하겠습니다.

케이트　　　대략 며칠이면 도착하나요?

고객서비스　　요즘 택배가 좀 느려서, 아마도 나흘 정도 걸릴 것 같습니다.

句型与语法

1 **几乎** 거의

부사로 쓰여 "근접하다, 거의 비슷하다(큰 차이가 없다)"라는 의미를 갖는다. 명사, 동사, 형용사를 수식한다.

Shēngyīn tài xiǎo le, jīhū tīng bu jiàn.
① 声音太小了，**几乎**听不见。　　　소리가 너무 작아 거의 들리지 않는다.

Tā de Hànyǔ fāyīn hěnhǎo, jīhū gēn Zhōngguó rén yíyàng.
② 他的汉语发音很好，**几乎**跟中国人一样。
그의 중국어 발음은 너무 좋아서 거의 중국 사람과 똑같다.

2 **并且** 또한, 게다가

"또한, 게다가"라는 뜻의 접속사로, 복문의 뒤 구절 중간에 쓰여 점진적인 관계를 나타낸다.

Tā cōngming、shuàiqi bìngqiě yǒnggǎn.
① 他聪明、帅气**并且**勇敢。　　　그는 똑똑하고 멋있으며 또한 용감하다.

Tā tōngguò le kǎoshì, bìngqiě kǎo de hěnhǎo.
② 他通过了考试，**并且**考得很好。　그는 시험을 통과했으며 게다가 시험을 아주 잘 봤다.

*聪明 cōngmíng 똑똑하다
*帅气 shuàiqì 멋지다
*勇敢 yǒnggǎn 용감하다

3 怪不得 어쩐지

갑자기 어떤 일의 원인을 알게 되어 그 일의 결과에 대해 이상하게 생각하지 않음을 뜻한다. 앞뒤에
자주 원인을 나타내는 구절을 연결한다.

Xià xuě le,　　guàibude zhème lěng.
① 下雪了，怪不得这么冷。　눈이 내렸네, 그러니까 춥지.

Guàibude Kǎitè de Hànyǔ shuō de zhème hǎo,　　yuánlái tā zài Běijīng zhù guo sān nián.
② 怪不得凯特的汉语说得这么好，原来她在北京住过三年。
어쩐지 케이트가 중국어를 잘하더라, 알고 보니 베이징에서 3년을 살았어.

119

句型与语法

4 为

为는 전치사(개사)로써 다양한 의미가 있다. "~에게"라는 행동의 대상을 나타내거나, "~을 위하여"라는 목적, "~ 때문에"라는 원인 등을 나타낸다.

Xiànzài qǐng Kǎitè wèi dàjiā chàng yìshǒu zhōngwén gē.
① 现在请凯特为大家唱一首中文歌。
지금부터 케이트가 여러분들에게 중국 노래 한 곡을 불러드리겠습니다.

Qǐng dàjiā jǔqǐ jiǔbēi,　　　wèi wǒmen de yǒuyì gānbēi.
② 请大家举起酒杯，为我们的友谊干杯。
여러분, 잔을 높이 들고 우리들의 우정을 위해 건배합시다.

*酒杯 jiǔbēi 술잔
*友谊 yǒuyì 우의, 우정
*干杯 gānbēi 건배하다, 잔을 비우다

5 任何 어떠한

"무엇이든, 모든 것"의 의미를 나타낸다. 뒤에 대부분 직접 명사가 따라오며 "的"를 붙이지 않는다.
어떤 경우에는, "都"혹은 "也"와 함께 호응하여 쓰인다.

Tā gēn zhè jiàn shì méiyǒu rènhé guānxi.
① 他跟这件事没有任何关系。　　　그는 이번 일과 어떠한 관계도 없다.

Wǒ zhǐshì zài zuò rènhé rén dōu huì zuò de shìqíng.
② 我只是在做任何人都会做的事情。　　나는 다만 누구나 할 수 있는 일을 하고 있을 뿐입니다.

练习题

选词填空 괄호 안에 들어갈 알맞은 단어를 고르시오.

A 提供	B 保证	C 免费	D 俩	E 熬夜

01. 宜家家居(　　　　)送货上门的服务。

02. 网上买的运动鞋质量有(　　　　)吗？

03. 她们(　　　　)经常一起去逛街购物。

04. 先生，这里可以(　　　　)停车吗？

05. 应该早睡早起，经常(　　　　)对身体不好。

排列顺序 문장순서에 맞게 배열하시오.

06. A. 他熬夜买了很多东西

    B. 双十一购物节时

    C. 所以他的眼睛都成熊猫眼了　　　　(　　　　　　　)

07. A. 收到网上购买的东西之后

    B. 有任何的不满意

    C. 都可以退货　　　　　　　　　　(　　　　　　　)

完成句子 제시된 단어들을 바르게 연결하여 완성된 문장을 만들어 보시오.

08. 最大的　　购物　　我　　爱好　　是

_____

09. 我　　又　　了　　成　　月光族　　这个月

_____

听力题 듣기 문제(내용을 듣고 맞으면 O를, 틀리면 X를 표시하시오.)

10. 他打算上网看新闻。(　　　)

11. 她穿这双鞋很合适。(　　　)

12. 这个商品不可以退货。(　　　)

• 연습문제 중 〈듣기 문제〉 10번~12번에 관련된 듣기 내용입니다.

🎧 08_05.mp3

Wǒ xiǎng kànkan wǎngshàng háiyǒu shénme huásuàn de dōngxi.

10. 我想看看网上还有什么划算的东西。

난 인터넷에 어떤 가성비 좋은 물건이 있는지 보고 싶어.

Sānshí jiǔ hào de xié yǒudiǎnr dà, wǒ chuān bù héshì.

11. 39号的鞋有点儿大，我穿不合适。

39호 신발은 조금 커, 내가 신기에는 안 맞아.

Běn diàn tígōng qī tiān wú lǐyóu tuìhuàn huò,　bìngqiě sòng nín yùnfèixiǎn.

12. 本店提供七天无理由退换货，并且送您运费险。

본 가게는 7일 이내 무조건 환불해 드리고, 또한 운송보험도 드립니다.

＊연습문제의 자세한 정답과 완성된 문장의
한어병음 및 해석은 뒤 부록에 실려있습니다.

제8과　연습문제 정답

01. A	02. B	03. D	04. C
05. E	06. BAC	07. ABC	08. 购物是我最大的爱好。or 我最大的爱好是购物。
09. 我这个月又成月光族了。 or 这个月我又成月光族了。	10. X	11. X	12. X

第九课 | 인터넷 쇼핑과 오프라인 쇼핑의 이로움, 의류매장에서 구입한 스웨터 환불하기와 관련된 대화

卖家秀 màijiāxiù
판매자가 찍은 사진

买家秀 mǎijiāxiù
구매자가 리뷰에 올린 사진

服务中心 fúwù zhōngxīn
서비스센터

退货 tuìhuò
반품하다

标签 biāoqiān
라벨

干洗店 gānxǐdiàn
세탁소 점포

··

생각해 보기

1. Nǐ zài wǎngshàng mǎi dōngxi de shíhou, zhǔyào kàn nǎxiē fāngmiàn?
你在网上买东西的时候，主要看哪些方面？
당신은 인터넷에서 물건을 살 때, 주로 어떤 부분들을 보나요?

2. Nǐ yǒu méiyǒu shībài de gòuwù jīnglì? Nǐ zěnme zuò de?
你有没有失败的购物经历？你怎么做的？
당신은 쇼핑 실패의 경험이 있으신가요? 어떻게 하셨나요?

生词

09_02.mp3

본문 1

网购	wǎnggòu	인터넷 쇼핑을 하다 [网上购物의 줄인 말]
肥大	féidà	(옷이) 커서 헐렁헐렁하다
裙子	qúnzi	치마, 스커트
一般	yìbān	보통이다, 일반적이다
实物	shíwù	실물

失望	shīwàng	실망하다
靠谱	kàopǔ	믿을 수 있다
利弊	lìbì	장단점
限制	xiànzhì	제한하다, 한정하다
上门取货	shàng mén qǔ huò	방문하여 (물품을) 넘겨받다

본문 2

服装	fúzhuāng	복장, 옷
之内	zhīnèi	~의 안(에)/ ~의 내(에)
机洗	jīxǐ	세탁기로 세탁하다
手洗	shǒuxǐ	손빨래를 하다
干洗	gānxǐ	드라이클리닝(하다)

纯	chún	순수하다, 순~
羊毛	yángmáo	양모, 양털
标签	biāoqiān	라벨, 태그
说明	shuōmíng	설명(하다)
建议	jiànyì	건의(하다), 제안(하다)

课文 1

Yìyuán 艺元

Wā,　wǒ wǎnggòu de máoyī dào le.
哇，我网购的毛衣到了。

Tài féi dà le ba?　　Zhè nǎr shì máoyī ā,　　bǐ qúnzi hái cháng,　　shízài méifǎ chuān.
太肥大了吧？这哪儿是毛衣啊，比裙子还长，实在没法穿。

Zhìliàng yě yìbān.　Wǒ yào tuìhuò.
质量也一般。我要退货。

Dàlóng 大龙

Quèshí shì,　　shíwù hé túpiàn chà tài duō le.
确实是，实物和图片差太多了。

Zhēn shīwàng.
真失望。

Wǒ jiù shuō wǎngshàng gòuwù bú kàopǔ ba. Wǒ háishì gèng xǐhuan qù shāngchǎng mǎi.
我就说网上购物不靠谱吧。我还是更喜欢去商场买。

Kěyǐ shìchuān,　　chuān zhe héshì zài mǎi.
可以试穿，穿着合适再买。

Wǎngshàng gòuwù yǒu lì yǒu bì.
网上购物有利有弊。

Wǎngshàng de xuǎnzé gèng duō, mǎi dōngxi yě bú shòu shíjiān dìdiǎn de xiànzhì.
网上的选择更多，买东西也不受时间、地点的限制。

Jíshǐ bù mǎnyì,　　yě kěyǐ tuìhuò a.
即使不满意，也可以退货啊。

Tuì lái tuì qù de duō máfan a.
退来退去的多麻烦啊。

Kuàidì dōu shì shàng mén qǔ huò, hěn fāngbiàn.
快递都是上门取货，很方便。

Suàn le,　　wǒ háishì qù shāngchǎng mǎi ba.
算了，我还是去商场买吧。

예원   와, 인터넷으로 쇼핑한 스웨터가 도착했어.
너무 헐렁하지? 이게 무슨 스웨터야, 치마보다도 길고, 정말 못 입겠어.
품질도 그저 그렇고, 나 반품할래.

따롱   확실히 실물하고 사진이 너무 차이 나.

예원   정말 실망이야.

따롱   난 그냥 인터넷 쇼핑은 믿을 수가 없다니까. 아무래도 매장에 가서 사는 게 더 좋아.
입어볼 수 있고, 입고 어울리면 사.

예원   인터넷 쇼핑은 장단점이 있어.
인터넷에서는 선택이 더 많고, 쇼핑하는 것도 시간이나 장소에 구애받지 않아.
마음에 안 들더라도, 반품할 수 있잖아.

따롱   반품하러 왔다갔다, 너무 귀찮아.

예원   택배는 모두 방문해서 물건을 가져가니까, 정말 편리해.

따롱   됐어, 난 매장에 가서 사는 게 낫겠어.

课文

🎧 09_04.mp3

Kǎitè
凯特

Nín hǎo, wǒ zài zhèr mǎi le yí jiàn máoyī, xiǎng tuìhuò, kěyǐ ma?
您好，我在这儿买了一件毛衣，想退货，可以吗？

Diànyuán
店员

Qī tiān nèi bāo tuì.
七天内包退。

Bùhǎoyìsi, wǒ méi tīng dǒng, nín néng zài shuō yí biàn ma?
不好意思，我没听懂，您能再说一遍吗？

Qī tiān zhīnèi mǎi de yīfu kěyǐ tuì. Nín shénme shíhou mǎi de?
七天之内买的衣服可以退。您什么时候买的？

Wǒ shàng zhōuliù mǎi de.
我上周六买的。

Gòuwù xiǎopiào dài le ma?
购物小票带了吗？

Dōu zài zhèr.
都在这儿。

케이트   안녕하세요, 여기에서 스웨터 한 벌을 샀는데, 반품하고 싶어요, 가능한가요?

점원   7일 내에는 반품 보증해드립니다.

케이트   죄송한데, 제가 이해가 안되서요, 다시 한 번만 말씀해주시겠어요?

점원   7일 안에 산 옷은 환불이 가능해요. 언제 사셨나요?

케이트   지난주 토요일에 샀어요.

점원   구매하신 영수증은 가져오셨나요?

케이트   여기 있어요.

🎧 09_04.mp3

Wèishénme tuìhuò a?

为什么退货啊?

Zhè jiàn yīfu zhìliàng yǒu wèntí.　　Wǒ huíjiā xǐ le yíxià,　　jiéguǒ máoyī biàn xiǎo le.

这件衣服质量有问题。我回家洗了一下，结果毛衣变小了。

Nǐ zěnme xǐ de,　　jīxǐ,　　shǒuxǐ háishi gānxǐ?

你怎么洗的，机洗，手洗还是干洗？

Wǒ zhíjiē shǒuxǐ de.

我直接手洗的。

Zhè jiàn máoyī shì chún yángmáo de, bù néng shuǐxǐ,　　zhǐ néng gānxǐ.

这件毛衣是纯羊毛的，不能水洗，只能干洗。

Máoyī de biāoqiān shàng yǒu shuōmíng.

毛衣的标签上有说明。

Nàme bù néng tuìhuò le ma?

那么不能退货了吗？

Bùhǎoyìsi.　　Zhège búshì yīfu de zhìliàng wèntí,　　kǒngpà bù néng gěi nín tuìhuò.

不好意思。这个不是衣服的质量问题，恐怕不能给您退货。

Xià cì biérén mǎi de shíhou,　　nǐmen tíxǐng yíxià gèng hǎo.

下次别人买的时候，你们提醒一下更好。

Xièxie nín de jiànyì,　　wǒmen yídìng huì zhùyì de.

谢谢您的建议，我们一定会注意的。

점원	왜 반품하시는 건가요?
케이트	이 옷은 질에 문제가 있어요. 집에 가서 세탁을 했더니, 스웨터가 작아졌어요.
점원	어떻게 세탁하셨나요? 세탁기 세탁, 손빨래 아니면 드라이클리닝이요?
케이트	제가 직접 손빨래했어요.
점원	이 스웨터는 순 양모라서, 물세탁은 안되고, 드라이클리닝만 가능해요. 스웨터의 라벨에 설명이 있어요.
케이트	그럼 반품은 안되나요?
점원	죄송합니다. 이건 옷의 품질 문제가 아니기 때문에, 아무래도 반품을 해드리지 못할 것 같네요.
케이트	다음에 다른 사람이 살 때는, 알려 주시는 게 더 좋겠어요.
점원	제안해 주셔서 고맙습니다. 저희도 꼭 주의하겠습니다.

句型与语法

1 哪儿 어떻게

의문대명사로 반어구에 사용될 수 있으며, 부정의 의미를 나타내고 어감이 비교적 강하다.

Wǒ nǎr huì xiǎngdào shìqing huì zhème fùzá ā? (Wǒ méi xiǎngdào shìqing zhème fùzá.)

① 我哪儿会想到事情会这么复杂啊？(我没想到事情这么复杂。)

내가 일이 이렇게 복잡할 줄 어떻게 알았겠어? (나는 일이 이렇게 복잡할 줄 몰랐어.)

Zhème duō rén yí liàng chē nǎr zuò de xià. (Zhème duō rén yí liàng chē zuò bu xià.)

② 这么多人一辆车哪儿坐得下。(这么多人一辆车坐不下。)

이렇게 많은 사람들이 차 한 대에 어떻게 다 앉을 수 있어. (이렇게 많은 사람들은 차 한 대로 다 앉을 수 없어.)

2 即使……也 설령 ~할지라도

가설 및 양보의 의미가 함께 포함됨을 나타낸다.

Duì huódòng gǎn xìngqù dehuà, jíshǐ bú shì huìyuán, yě kěyǐ cānjiā.

① 对活动感兴趣的话，即使不是会员，也可以参加。

활동에 대해 관심이 있다면, 회원이 아니더라도 참가할 수 있어요.

Jíshǐ qǔdé le hěn dà de chéngjì, wǒmen yě yào jìxù nǔlì.

② 即使取得了很大的成绩，我们也要继续努力。

설령 우리가 아주 큰 성적을 거뒀다고 할지라도 계속 노력해야 돼.

*继续 jìxù 계속(하다)

3 V来V去

"来"와 "去"의 앞에 오는 동사는 대개 같은 동사이거나 혹은 의미가 아주 가까운 비슷한 유형의 동사들이다. 행위의 중복과 지속을 나타낸다.

Tā jǐnzhāng de zài fángjiān lǐ zǒu lái zǒu qù.
① 他紧张地在房间里走来走去。
그는 긴장한 듯, 방 안에서 왔다 갔다 하였다.

Wǒ xiǎng chéngwéi chāorén, kěyǐ zài kōngzhōng fēi lái fēi qù.
② 我想成为超人，可以在空中飞来飞去。
나는 슈퍼맨이 되고 싶어, 그러면 하늘에서 여기저기 날아다닐 수 있어.

*超人 chāorén 슈퍼맨

句型与语法

4 **包** 보증하다

包는 명사, 동사, 양사 등으로 쓰이며 다양한 의미를 가진 단어이다. 여기 본문에 쓰인 包는 동사로써 "보증하다, 보장하다"라는 뜻이다. 뒤에는 동사, 형용사, 짧은 구절들이 목적어로 따라올 수 있다.

Wǒmen de fúwù hěn hǎo,　bāo nǐ mǎnyì.
① 我们的服务很好，包你满意。
우리의 서비스는 아주 좋아요, 무조건 마음에 들 거예요.

Hěn duō mài xīguā de rén dōu shuō tāmen de xīguā bāo tián.
② 很多卖西瓜的人都说他们的西瓜包甜。
수박을 파는 많은 사람들은 자기들의 수박이 무조건 달다고 말한다.

*满意 mǎnyì 만족하다
*甜 tián 달다, 달콤하다

5 **恐怕** 아마~일 것이다

부사로 쓰여서 예상이나 예측의 의미를 나타내는데, 이와 동시에 근심과 의문, 염려의 감정을 포함한다.

Kàn zhè tiānqì,　kǒngpà yòu yào xiàyǔ le.
① 看这天气，恐怕又要下雨了。　　이 날씨를 보아하니, 아마도 또 비가 내릴 모양이다.

Yǐjīng bā diǎn le,　kǒngpà tā bú huì lái le.
② 已经八点了，恐怕他不会来了。　　이미 8시야, 그는 아마도 오지 않을 거야.

练习题

选词填空 괄호 안에 들어갈 알맞은 단어를 고르시오.

| A 之内 | B 肥大 | C 失望 | D 说明 | E 建议 |

01. 凯特对网购的毛衣很(　　　　)。

02. 这条裤子根本不合适，太(　　　　)了。

03. 一般来说，新买的商品七天(　　　　)都可以免费退换。

04. 顾客给了我们很多、很好的(　　　　)。

05. 使用新洗衣机之前，还是先看看它的(　　　　)书吧。

完成对话 괄호 안의 단어를 사용하여 대화의 내용을 완성하시오.

06. A: ＿＿＿＿＿＿＿＿＿＿＿＿＿＿＿＿＿＿。(……来……去)

　　B: 不麻烦，快递都上门取货。

07. A: 周六的同学会，你能参加吗?

　　B: 周末我要去上海，＿＿＿＿＿＿＿＿＿＿＿＿＿＿＿。(恐怕)

完成句子 제시된 단어들을 바르게 연결하여 완성된 문장을 만들어 보시오.

08. 运动鞋   网购的   质量   一般   很

_____

09. 这   件   毛衣   的   纯   羊毛   是

_____

听力题 듣기 문제(대화를 듣고 질문에 맞는 정답을 고르시오.)

10. A. 漂亮   B. 流行   C. 时尚   D. 肥大

11. A. 网上   B. 马路   C. 商场   D. 地铁

12. A. 买毛衣   B. 洗毛衣   C. 找毛衣   D. 退毛衣

제9과 연습문제 정답

01. C	02. B	03. A
04. E	05. D	06. (예시)退来退去多麻烦啊。
07. (예시)恐怕这次不能参加了。	08. 网购的运动鞋质量很一般。	09. 这件毛衣是纯羊毛的。
10. D	11. C	12. D

• 연습문제 중 〈듣기 문제〉 10번~12번에 관련된 듣기 내용입니다.

🎧 09_05.mp3

10. 女: Wǒ mǎi de máoyī dào le, xiàoguǒ zěnmeyàng?
我买的毛衣到了，效果怎么样？　여자: 나 스웨터 샀어, 어때 보여?

男: Tài féidà le ba?　Zhè nǎr shì máoyī a,　bǐ qúnzi hái cháng.
太肥大了吧？这哪儿是毛衣啊，比裙子还长。
남자: 너무 헐렁하지 않아? 이게 어디 스웨터야, 치마보다도 길어.

问: Nánde juéde máoyī zěnmeyàng?
男的觉得毛衣怎么样？　질문: 남자는 스웨터가 어떻다고 생각하나요?

11. 女: Yǒushí,　wǎngshàng gòuwù tǐng bù kàopǔ de.
有时，网上购物挺不靠谱的。　여자: 때로는 인터넷 쇼핑은 믿을 수가 없어.

男: Quèshí,　wǒ háishì xǐhuan qù shāngchǎng mǎi, kěyǐ shì yí shì.
确实，我还是喜欢去商场买，可以试一试。
남자: 맞아, 나는 역시 쇼핑몰에서 사는 걸 좋아해, 입어볼 수 있잖아.

问: Nánde gèng xǐhuan zài nǎr mǎi yīfu?
男的更喜欢在哪儿买衣服？　질문: 남자는 어디에서 옷 사는 것을 더 좋아하나요?

12. 男: Nín wèishénme yào tuìhuò?
您为什么要退货？　남자: 왜 반품하려고 하세요?

女: Zhè jiàn máoyī xǐ wán biàn xiǎo le.
这件毛衣洗完变小了。　여자: 이 스웨터가 세탁 후 작아졌어요.

男: Zhè jiàn shì chún yángmáo de, xūyào gānxǐ.　Zhè ge bú shì máoyī de zhìliàng wèntí.
这件是纯羊毛的，需要干洗。这个不是毛衣的质量问题。
남자: 이건 순양털이라 드라이클리닝을 해야 해요. 이건 스웨터의 질 문제가 아니에요.

女: Nà bù néng tuìhuò le ma?
那不能退货了吗？　여자: 그럼 반품할 수 없나요?

男: Shízài bùhǎoyìsi.
实在不好意思。　남자: 정말 죄송합니다.

问: Nǔde xiǎng yào zuò shénme?
女的想要做什么？　질문: 여자는 무엇을 하려고 하나요?

✽연습문제의 자세한 정답과 완성된 문장의
한어병음 및 해석은 뒤 부록에 실려있습니다.

双十一购物狂欢节

近年来，随着互联网的普及，网购因其便利性受到越来越多人们的欢迎，成为了流行的购物方式。

对于消费者来说，网购可以省去亲临现场的麻烦，既省时，又省力；并且价格较一般商场的同类商品更物美价廉。而对于商家来说，经营成本低，同时可以及时把握市场信息并做出调整。总之，网上购物打破了传统经济的限制，实现了"双赢"甚至"多赢"的目标。

现在，中国网购平台主要有淘宝网、京东、当当、拼多多等。各平台为了促销，在一年中选择了一天作为网络促销日。这天的折扣往往是一年中最大的。其中，以天猫推出的双十一购物节最为有名，已经成为中国电子商务的年度盛事，甚至在国际上也产生了深远的影响。

今年的双十一，你要买什么呢？

광군절(쑹스이) 쇼핑 페스티벌

최근 몇 년 동안, 인터넷이 보급됨에 따라 온라인 쇼핑은 그 편리함 덕분에 점차 더 많은 사람들의 사랑을 받게 되었고 유행하는 쇼핑 방식으로 되었다.

소비자에게 있어서, 온라인 쇼핑은 직접 현장을 방문하는 수고를 덜어주었고 시간도 절약하면서 힘도 아낄 수 있게 만들었다. 또한, 가격은 일반적인 쇼핑몰에서의 동일한 상품보다 훨씬 물건도 좋고, 값도 싸다. 판매상의 경우, 운영 자본이 낮은 동시에 즉각적으로 시장 정보를 파악하고 그에 대한 조정을 할 수 있다. 한 마디로, 온라인 쇼핑은 전통적인 경제의 한계를 타파하였고 "윈윈"을 실현하였을 뿐만 아니라, 심지어 "올윈"을 실현하였다.

현재, 중국의 온라인 쇼핑의 주요 플랫폼들은 타오바오, 징동, 당당, 핀둬둬 등이 있다. 각 플랫폼들은 프로모션을 진행하기 위해 1년 중 하루를 선택하여 인터넷 프로모션일로 정했다. 이 날의 할인은 1년 중 가장 큰 할인율을 자랑한다. 이 가운데, 티몰(天猫 티엔마오)에서 나온 쑹스이 쇼핑 페스티벌은 가장 유명하며, 이미 중국의 전자상거래에서 한 해 가장 큰 이벤트가 되었을 뿐만 아니라, 국제적 범위에서도 큰 영향을 일으켰다.

올 해의 쑹스이, 당신은 무엇을 살 건가요?

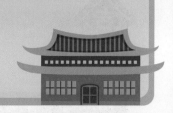

은행편

银行篇

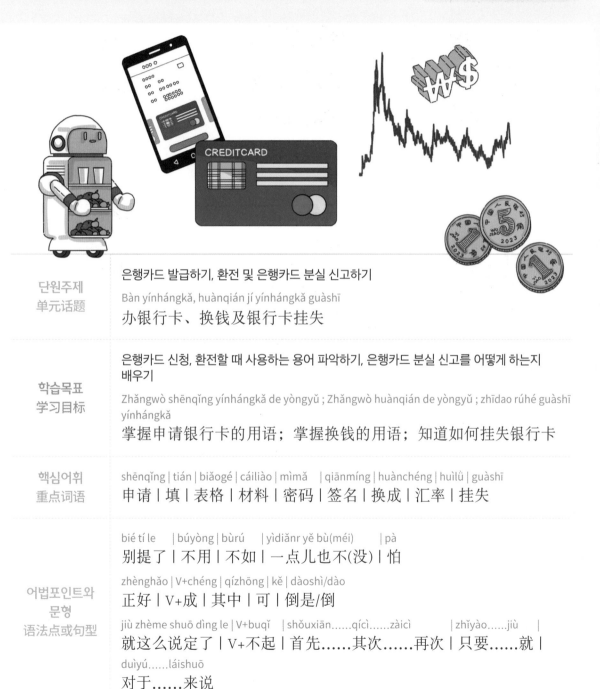

단원주제 单元话题	은행카드 발급하기, 환전 및 은행카드 분실 신고하기 Bàn yínhángkǎ, huànqián jí yínhángkǎ guàshī 办银行卡、换钱及银行卡挂失
학습목표 学习目标	은행카드 신청, 환전할 때 사용하는 용어 파악하기, 은행카드 분실 신고를 어떻게 하는지 배우기 Zhǎngwò shēnqǐng yínhángkǎ de yòngyǔ；Zhǎngwò huànqián de yòngyǔ；zhīdao rúhé guàshī yínhángkǎ 掌握申请银行卡的用语；掌握换钱的用语；知道如何挂失银行卡
핵심어휘 重点词语	shēnqǐng｜tián｜biǎogé｜cáiliào｜mìmǎ ｜qiānmíng｜huànchéng｜huìlǜ｜guàshī 申请｜填｜表格｜材料｜密码｜签名｜换成｜汇率｜挂失
어법포인트와 문형 语法点或句型	bié tí le ｜búyòng｜bùrú ｜yìdiǎnr yě bù(méi) ｜pà 别提了｜不用｜不如｜一点儿也不(没)｜怕 zhènghǎo｜V+chéng｜qízhōng｜kě｜dàoshì/dào 正好｜V+成｜其中｜可｜倒是/倒 jiù zhème shuō dìng le｜V+buqǐ ｜shǒuxiān……qícì……zàicì ｜zhǐyào……jiù 就这么说定了｜V+不起｜首先……其次……再次｜只要……就｜ duìyú……láishuō 对于……来说

Warm-up 热身(导入)

🎧 10_01.mp3

中国五大银行
Zhōngguó wǔ dà yínháng
중국 5대은행

外资银行 wàizī yínháng
외국계 은행

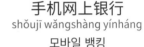

手机网上银行
shǒujī wǎngshàng yínháng
모바일 뱅킹

自动取款机
zìdòng qǔkuǎnjī
현금자동인출기

银行窗口
yínháng chuāngkǒu
은행창구

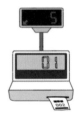

取号,叫号
qǔ hào, jiào hào
번호표를 뽑다

생각해 보기

1. Nǐ yǒu Zhōngguó de yínhángkǎ ma?　Nǐ shì zài nǎ ge yínháng bàn de?
你有中国的银行卡吗？你是在哪个银行办的？
당신은 중국 은행카드가 있나요? 당신은 어느 은행에서 발급 받았나요?

2. Nǐ zhīdào zěnme bàn yínhángkǎ ma?
你知道怎么办银行卡吗？
당신은 은행카드를 어떻게 발급받는지 알고 있나요?

生词

🎧 10_02.mp3

본문 1

报名	bàomíng	신청하다, 지원하다	材料	cáiliào	자료, 서류
支付	zhīfù	지불하다, 결제하다	复杂	fùzá	복잡하다
取款	qǔkuǎn	인출하다	填	tián	기입하다
手续费	shǒuxùfèi	수수료	陪	péi	데리고 가다, 동반하다
申请	shēnqǐng	신청(하다)	紧张	jǐnzhāng	긴장하다

본문 2

顾客	gùkè	고객	地址	dìzhǐ	주소
办	bàn	(일 따위를) 하다, 처리하다	签名	qiānmíng	서명(하다)
业务	yèwù	업무, 일	输入	shūrù	입력(하다)
表格	biǎogé	양식, 서식	数字	shùzì	숫자
性别	xìngbié	성별	密码	mìmǎ	암호, 비밀번호

141

🎧 10_03.mp3

Jiāhéng
嘉恒

Kǎitè, nǐ bú shì shuō yào cānjiā shí'èr yuè fèn de HSK kǎoshì ma?
凯特，你不是说要参加12月份的HSK考试吗？

Bàomíng le ma?
报名了吗？

Kǎitè
凯特

Bié tí le. Xiànzài HSK dōu yào zài wǎngshàng bàomíng, wǒ de yínhángkǎ zhīfù bu liǎo.
别提了。现在HSK都要在网上报名，我的银行卡支付不了。

Nǐ néng bāng wǒ yíxià ma?
你能帮我一下吗？

Dāngrán kěyǐ. Wǒ bāng nǐ fù ba.
当然可以。我帮你付吧。

Yíhuìr qǔ wán qián huán gěi nǐ.
一会儿取完钱还给你。

Bú yòng zháojí.
不用着急。

Nǐ de yínhángkǎ shì wàiguó yínháng de ba? Zài zhèr yě néng qǔkuǎn ma?
你的银行卡是外国银行的吧？在这儿也能取款吗？

지아형 케이트, 너 12월달에 HSK 시험 볼 거라고 했지? 신청했어?

케이트 말도 마. 이제 HSK 시험은 모두 온라인으로 신청해야 하는데, 내 은행카드로는 결제가 안돼. 나 좀 도와줄 수 있어?

지아형 물론이지. 내가 결제하는거 도와줄게.

케이트 조금 있다 인출해서 돌려줄게.

지아형 서두를 것 없어.
네 은행 카드는 외국 은행 거지? 여기에서도 현금 인출할 수 있어?

🎧 10_03.mp3

Néng shì néng, jiùshì yǒu shǒuxùfèi.

能是能，就是有手续费。

Měicì dōu jiāo shǒuxùfèi, nà hái bùrú shēnqǐng yì zhāng Zhōngguó de yínhángkǎ.

每次都交手续费，那还不如申请一张中国的银行卡。

Wǒ bù zhīdào zěnme shēnqǐng, yě bù zhīdào yào dài shénme cáiliào.

我不知道怎么申请，也不知道要带什么材料。

Hěn fùzá ba?

很复杂吧？

Yìdiǎnr yě bú fùzá, dài shàng nǐ de hùzhào, tián zhāng shēnqǐngbiǎo jiù kěyǐ.

一点儿也不复杂，带上你的护照，填张申请表就可以。

Xiàwǔ wǒ péi nǐ qù ba.

下午我陪你去吧。

Tài hǎo le, gēn nǐ yìqǐ qù, wǒ jiù bù jǐnzhāng le.

太好了，跟你一起去，我就不紧张了。

Wǒ pà yǒude Hànzì kànbudǒng.

我怕有的汉字看不懂。

Kànbudǒng de wǒ gàosu nǐ. Xiàwǔ liǎng diǎn, xuéxiào ménkǒu jiàn ba.

看不懂的我告诉你。下午2点，学校门口见吧。

Hǎo de, xiàwǔ jiàn.

好的，下午见。

케이트 할 수는 있는데, 수수료가 있어.

지아헝 매번 수수료를 내느니, 차라리 중국 은행 카드를 한 장 신청하는게 낫겠어.

케이트 난 어떻게 신청하는지 몰라. 무슨 서류를 가져가야 하는지도 모르고.
　　　　엄청 복잡하겠지?

지아헝 하나도 안 복잡해, 여권 가지고 가서, 신청서만 작성하면 돼.
　　　　오후에 내가 데리고 갈게.

케이트 너무 좋아, 너랑 같이 가면, 긴장 안 할거야.
　　　　난 못 읽는 한자가 있을까 봐 걱정돼.

지아헝 못 읽는 건 내가 알려줄게. 오후 2시에, 학교 입구에서 보자.

케이트 알았어, 오후에 보자.

课文 2

🎧 10_04.mp3

🔊（请11号顾客到1号窗口。Qǐng shí yī hào gùkè dào yī hào chuāngkǒu.）

Yíngyèyuán
营业员

Nín hǎo, nín yào bàn shénme yèwù?

您好，您要办什么业务？

Kǎitè
凯特

Wǒ xiǎng bàn yì zhāng yínhángkǎ.

我想办一张银行卡。

Nín dài hùzhào le ma?

您带护照了吗？

Dài le.

带了。

Qǐng tián yíxià shēnqǐngbiǎo. Tián hǎo hòu, bǎ biǎogé hé hùzhào yìqǐ gěi wǒ.

请填一下申请表。填好后，把表格和护照一起给我。

Hǎo de. Dōu yào tián ma?

好的。都要填吗？

Bú yòng, zhǐ tián "xìngmíng"、"xìngbié"、"diànhuà" hé "dìzhǐ" jiù xíng. Zuìhòu qiānmíng.

不用，只填"姓名"、"性别"、"电话"和"地址"就行。
最后签名。

Jiāhéng, dìzhǐ xiě shénme?

嘉恒，地址写什么？

Jiāhéng
嘉恒

Xiě xuéxiào dìzhǐ jiù xíng.

写学校地址就行。

（五分钟后 wǔ fēnzhōng hòu）

Tián hǎo le, gěi nín.

填好了，给您。

Qǐng nín shūrù yí ge liù wèi shùzì de mìmǎ. Nín de kǎ bàn hǎo le.

请您输入一个六位数字的密码。您的卡办好了。

Zhè shì nín de hùzhào hé kǎ, qǐng shōu hǎo.

这是您的护照和卡，请收好。

(11번 고객님 1번 창구로 와주세요.)

은행원 안녕하세요, 어떤 업무를 하시겠어요?

케이트 은행 카드를 한 장 만들고 싶어요.

은행원 여권은 가져오셨나요?

케이트 가져왔어요.

은행원 신청서를 작성해주세요. 다 작성하시면, 신청서를 여권과 함께 주세요.

케이트 네, 전부 작성해야 하나요?

은행원 아니요, 이름과 성별, 전화와 주소만 작성하시면 됩니다. 마지막에 서명해주세요.

케이트 지아형, 주소는 뭐라고 써?

지아형 학교 주소를 쓰면 돼.

(5분 후)

케이트 다 작성했어요. 여기요.

은행원 여섯 자리 숫자의 비밀번호를 입력해주세요. 카드는 발급완료 되었습니다.
여기 여권과 카드입니다. 받으세요.

句型与语法

1 **别提了** 말도 꺼내지 마라!

삽입구로 부정적으로 대답하는 방식의 일종이다. 뒤에 따라오는 구절은 대부분 좋지 않은 결과를 나타낸다.

Zhè cì lǚxíng wán de hěn hǎo ba?
① A: 这次旅行玩得很好吧？　　　　이번 여행은 즐거웠어요?

Bié tí le,　rén tài duō le,　méi wán hǎo.
　B: 别提了，人太多了，没玩好。　말도 마요, 사람들이 너무 많아 제대로 놀지 못했어요.

Zhè cì kǎoshì kǎo de zěnme yàng?
② A: 这次考试考得怎么样？　　　이번 시험 잘 봤어?

Bié tí le,　kǎo de tài chà le.
　B: 别提了，考得太差了。　말도 마. 시험 완전히 망했어.

*差 chà 다르다, 부족하다, 나쁘다, 못하다

2 **不用** ~할 필요가 없다

"~할 필요가 없다"라는 뜻으로, 단독으로 질문에 대답할 때도 사용할 수 있다.

Wǒ kāi chē sòng nǐ qù ba?
① A: 我开车送你去吧？　　　　내가 차로 데려다 줄까요?

Bú yòng. Dìtiě hěn fāngbiàn.
　B: 不用。地铁很方便。　　괜찮아요, 지하철이 편해요.

Nǐ bú yòng dānxīn,　tā yíqiè dōu hěn hǎo.
② 你不用担心，他一切都很好。　넌 걱정할 필요 없어, 그는 잘 있어.

*担心 dānxīn 걱정하다, 염려하다

3 不如 ~만 못하다, ~하는 편이 낫다

(1) 비교를 나타낸다. 뒤 구절에 오는 내용이 더 나음을 의미한다.

Huǒchē bùrú fēijī kuài.
① 火车不如飞机快。 　　　　　　　　기차는 비행기보다 빠르지 못하다.

Tā de Hànyǔ bùrú wǒ.
② 他的汉语不如我。 　　　　　　　　그의 중국어는 나보다 못하다.

(2) 의견을 제시하고 선택함을 나타낸다.

Yǔ xià de tài dà le,　　 bùrú děng yíhuìr zài zǒu ba.
① 雨下得太大了，不如等一会儿再走吧。 비가 너무 많이 내려, 차라리 조금 기다렸다 가자.

Wǎnshang wǒmen zuò shénme ne?
② A: 晚上我们做什么呢？ 　　　　　저녁에 우리 뭐해?

Bùrú qù kàn diànyǐng ba,　 tīngshuō xīn diànyǐng hěn yǒu yìsi.
B: 不如去看电影吧，听说新电影很有意思。
차라리 영화 보러 가자, 새로 나온 영화가 아주 재밌다고 해.

*听说 tīngshuō 듣자니, 듣건대

句型与语法

4　一点儿也不(没)…… 조금도 ~하지 않는다

완전한 부정을 나타내며, "确实不~ quèshí bù~, 实在不~ shízài bù~,"와 동일한 의미이다.

Zhème duō nián le,　tā yìdiǎnr yě méi biàn.
① 这么多年了，他一点儿也没变。　　이렇게 오래 지났는데 그는 전혀 변하지 않았다.

Wǒ yìdiǎnr yě bù xǐhuan chī hànbǎo,　bié mǎi le.
② 我一点儿也不喜欢吃汉堡，别买了。　나는 햄버거를 좋아하지 않아, 사지 마.

*汉堡 hànbǎo 햄버거

5　怕 두렵다, 염려하다

동사로써 "무서워하다, 두려워하다"라는 뜻으로 쓰이지만, "근심하다, 걱정이 되다", "견디지 못하다" 등의 의미로 쓰이기도 한다. 뒤에 명사, 대명사, 형용사, 동사들이 따라온다.

Tā cóngxiǎo hěn pà rè,　zǒngshì chuān de hěn shǎo.
① 他从小很怕热，总是穿得很少。
그는 어려서부터 더위를 싫어하여 언제나 옷을 적게 입는다.

Wǒ pà chídào,　zǎochén liù diǎn jiù chūfā le.
② 我怕迟到，早晨六点就出发了。　　나는 늦을까 봐, 아침 6시에 출발하였다.

练习题

选词填空 괄호 안에 들어갈 알맞은 단어를 고르시오.

A 报名	B 陪	C 紧张	D 复杂	E 密码

01. 今天的考试很容易，大家不用(   )。

02. 在自动取款机上取钱时，要先输入(   )。

03. 父母即使工作再忙，也应该多(   )孩子。

04. 外国人申请银行卡很简单，一点也不(   )。

05. 如果想参加HSK考试，你需要提前一个月在网上(   )。

排列顺序 문장순서에 맞게 배열하시오.

06. A. 所以只好请嘉恒帮忙

　　 B. 但她的银行卡支付不了

　　 C. 凯特想在网上申请HSK考试　　　　(　　　　　　)

07. A. 需要先填一张表格

　　 B. 外国人申请银行卡时

　　 C. 然后再把护照和这张表给营业员　　(　　　　　)

完成句子 제시된 단어들을 바르게 연결하여 완성된 문장을 만들어 보시오.

08. 要　　您　　什么　　办　　业务

_____

09. 快　　火车　　飞机　　不如

_____

根据课文内容判断对错 본문 내용에 근거하여 맞으면 O를, 틀리면 X를 표시하시오.

10. 凯特担心申请表上有的汉字看不懂。(　　　)

11. 银行申请表上不需要签名。(　　　)

12. 办银行卡时需要输入密码。(　　　)

*연습문제의 자세한 정답과 완성된 문장의 한어병음 및 해석은 뒤 부록에 실려있습니다.

제10과　연습문제 정답

01. C	02. E	03. B	04. D
05. A	06. CBA	07. BAC	08. 您要办什么业务?
09. 火车不如飞机快。	10. O	11. X	12. O

第十一课

은행에서 환전할 때 사용할 수 있는 대화, 은행카드를 분실했을 때 대처할 수 있는 대화

Warm-up 热身(导入)

 11_01.mp3

人民币 rénmínbì
런민삐(인민폐, 위안화)

韩元 hányuán
원화(한국의 화폐)

兑换 duìhuàn
환전하다

汇率 huìlǜ
환율

客服 kèfú
고객센터

硬币 yìngbì
동전

생각해 보기

1.
Nǐ zhīdào zài Zhōngguó yào qù nǎr huàn qián ma?

你知道在中国要去哪儿换钱吗?

당신은 중국에서 어디로 가야 환전할 수 있는지 아시나요?

2.
Rúguǒ yínhángkǎ diū le, gāi zěnme bàn?

如果银行卡丢了，该怎么办?

만약 은행카드를 분실했다면 어떻게 해야 할까요?

生词

🎧 11_02.mp3

본문 1

礼拜	lǐbài	주		大部分	dàbùfēn	대부분
专门	zhuānmén	오로지, 일부러		汇率	huìlǜ	환율
韩元	hányuán	원화(WON)		现金	xiànjīn	현금
零花钱	línghuāqián	용돈		存	cún	맡겨 두다, 보관하다
人民币	rénmínbì	위엔화, 인민폐 (CNY)		零钱	língqián	잔돈

본문 2

糟糕	zāogāo	아뿔싸, 아차, 큰일났네		身份证	shēnfènzhèng	신분증
大使馆	dàshǐguǎn	대사관		挂失	guàshī	분실 신고를 하다
签证	qiānzhèng	비자		派出所	pàichūsuǒ	파출소
丢	diū	잃어버리다		登记	dēngjì	등록(하다)
马虎	mǎhu	건성건성하다, 무책임하다		正式	zhèngshì	정식의, 공식의

课文 ①

11_03.mp3

Dàlóng
大龙

Tīngshuō shàng ge lǐbài nǐ māma zhuānmén cóng Hánguó lái kàn nǐ le?
听说上个礼拜你妈妈专门从韩国来看你了？

Yìyuán
艺元

Duì, māma hái gěi le wǒ wǔshí wàn hányuán de línghuāqián.
对，妈妈还给了我50万韩元的零花钱。

Wǒ zhènghǎo xiǎng wèn nǐ ne, qù nǎr kěyǐ huànchéng rénmínbì?
我正好想问你呢，去哪儿可以换成人民币？

Dàbùfēn yínháng dōu néng huàn, qízhōng Zhōngguó yínháng lí wǒmen xuéxiào zuì jìn.
大部分银行都能换，其中中国银行离我们学校最近。

Jīntiān lǐbàiliù, yínháng kāi mén ma?
今天礼拜六，银行开门吗？

Kāi mén.
开门。

156

따롱 　지난 주에 너희 어머니께서 일부러 한국에서 너 보려고 오셨다면서?

예원 　응, 엄마가 용돈 50만원도 주셨어.
　　　마침 물어보고 싶었는데, 어디로 가면 위엔화로 바꿀 수 있어?

따롱 　대부분 은행에서 모두 바꿀 수 있어, 그 중에 중국은행이 우리 학교에서 제일 가까워.

예원 　오늘 토요일인데, 은행이 열었을까?

따롱 　영업하지.

课文 1

🎧 11_04.mp3

（在中国银行 zài Zhōngguó yínháng）

Yíngyèyuán
营业员

Nín hǎo, nín bàn shénme yèwù?
您好，您办什么业务？

Yìyuán
艺元

Wǒ xiǎng bǎ hányuán huànchéng rénmínbì.
我想把韩元换成人民币。

Jīntiān de huìlǜ shì líng diǎn wǔ sì, nín yào huàn duōshǎo hányuán?
今天的汇率是0.54，您要换多少韩元？

Wǔshí wàn hányuán. Gěi nín.
50万韩元。给您。

Hǎo de, wǔshí wàn hányuán huànchéng rénmínbì shì liǎngqiān qībǎi qīshí yuán.
好的，50万韩元换成人民币是2770元。

Gěi nín xiànjīn háishi cúndào kǎ lǐ?
给您现金还是存到卡里？

Liǎngqiān qībǎi yuán cúndào zhè zhāng yínhángkǎ li. Língqián gěi wǒ xiànjīn jiù xíng.
2700元存到这张银行卡里。零钱给我现金就行。

Hǎo de. Qǐng shāo děng.
好的。请稍等。

(중국은행에서)

은행원　안녕하세요, 어떤 업무를 하시겠어요?

예원　원화를 위엔화로 바꾸고 싶어요.

은행원　오늘의 환율은 0.54인데, 원화를 얼마나 바꿔드릴까요?

예원　50만원이요. 여기요.

은행원　네, 50만원을 중국 돈으로 바꾸면 2,770위엔입니다.
현금으로 드릴까요 아니면 카드에 입금해드릴까요?

예원　2,700위엔은 이 은행카드에 넣어주세요. 잔돈은 현금으로 주시면 돼요.

은행원　네, 잠시만 기다려주세요.

课文 ②

🎧 11_05.mp3

Jiāhéng 嘉恒

Zāogāo, wǒ qiánbāo bú jiàn le.
糟糕，我钱包不见了。

Yìyuán 艺元

Nǐ zài hǎohāor zhǎozhao, shì bú shì zài shūbāo li?
你再好好儿找找，是不是在书包里？

Wǒ zhǎo guo le, shūbāo li méiyǒu.
我找过了，书包里没有。

Nǐ jīntiān dōu qù nǎr le?
你今天都去哪儿了？

Wǒ shàngwǔ xiān qù dàshǐguǎn bàn le qiānzhèng,
我上午先去大使馆办了签证，

yòu péi péngyou qù Wángfǔjǐng guàng le yíxiàwǔ.
又陪朋友去王府井逛了一下午。

Wǒ yě bù zhīdào qiánbāo shénme shíhou diū de.
我也不知道钱包什么时候丢的。

Nǐ kě zhēn gòu mǎhu de. Qiánbāo lǐmiàn de xiànjīn duō ma?
你可真够马虎的。钱包里面的现金多吗？

Xiànjīn dàoshì bù duō, jiù shì lǐmiàn yǒu wǒ de shēnfènzhèng hé yínhángkǎ.
现金倒是不多，就是里面有我的身份证和银行卡。

Nǐ kuài gěi yínháng dǎ diànhuà guàshī ba, ránhòu qù pàichūsuǒ dēngjì yíxià.
你快给银行打电话挂失吧，然后去派出所登记一下。

Nǐ shuō de duì. Wǒ mǎshàng dǎ.
你说得对。我马上打。

지아형　큰일 났네, 내 지갑이 없어졌어.

예원　다시 잘 좀 찾아봐, 가방 안에 없어?

지아형　찾아봤는데, 가방 안에 없어..

예원　너 오늘 어디 갔었어?

지아형　오전에 먼저 대사관에 가서 비자 발급받고, 또 친구 데리고 왕푸징(왕부정) 가서 오후 내내 돌아다녔어. 나도 지갑을 언제 잃어버렸는지 모르겠어.

예원　너 정말 덜렁대는구나. 지갑 안에 현금이 많아?

지아형　현금이 많지는 않지만, 안에 내 신분증하고 은행카드가 있어.

예원　빨리 은행에 전화해서 분실 신고해, 그리고 나서 파출소에 가서 등록하고.

지아형　네 말이 맞아. 바로 전화할게.

课文 2

(给中国银行客服打电话 gěi Zhōngguó yínháng kèfú dǎ diànhuà)

kèfú
客服

Nín hǎo, hěn gāoxìng wèi nín fúwù.
您好，很高兴为您服务。

Jiāhéng
嘉恒

Wǒ de yínhángkǎ diū le. Wǒ xiǎng guàshī.
我的银行卡丢了。我想挂失。

Qǐng shuō yíxià nín de xìngmíng hé shēnfènzhèng hàomǎ.
请说一下您的姓名和身份证号码。

Jiāhéng. Shēnfènzhèng hàomǎ shì yāo yāo líng èr líng líng jiǔ líng èr yāo yāo.
嘉恒。身份证号码是11020090211。

Yǐjīng wèi nín guàshī le,
已经为您挂失了，

nín xūyào zài qī tiān zhīnèi qù yínháng zhèngshì guàshī bìng bǔbàn xīn kǎ.
您需要在七天之内去银行正式挂失并补办新卡。

Hǎo de, xièxie.
好的，谢谢。

(중국은행 고객 센터에 전화를 걸다)

고객센터　안녕하세요, 도움을 드릴 수 있게 되어 기쁩니다.

지아헝　제가 은행카드를 잃어버렸어요. 분실 신고를 하고 싶어요.

고객센터　고객님의 성함과 신분증 번호를 말씀해주세요.

지아헝　지아헝이요. 신분증 번호는 11020090211이에요.

고객센터　분실신고를 해드렸어요.
고객님께서는 7일 이내에 은행에 가셔서 정식으로 분실 신고를 하고 새로운 카드를 재발급 받으셔야 합니다.

지아헝　네, 감사합니다.

句型与语法

1 正好 마침

(1) 부사로 쓰여 시간, 상황, 조건 등이 우연히 일치함을 나타낸다.

Wǒ zhènghǎo yǒu zhè běn shū, nǐ bú yào mǎi le.
① 我正好有这本书，你不要买了。 　　내가 마침 이 책을 갖고 있어서 당신은 살 필요가 없어요.

Zhènghǎo wǒ yě xiǎng qù chāoshì, wǒmen yìqǐ qù ba.
② 正好我也想去超市，我们一起去吧。 마침 나도 슈퍼에 가고 싶었는데, 우리 같이 가자.

(2) 형용사로 쓰여 상황과 실제로 필요로 하는 것이 서로 맞음을(대개 시간, 공간, 수량 등을 가리킨다) 나타내는데, "正合适"와 같은 의미이다.

Zhè shuāng xié héshì ma?
① A: 这双鞋合适吗？ 　　　　　　이 신발은 맞나요?

Zhènghǎo.
B: 正好。 　　　　　　　　　딱 맞아요.

Zhè ge dìfang zhènghǎo kěyǐ fàng yí ge shāfā.
② 这个地方正好可以放一个沙发。 　　이 곳이 마침 딱 소파를 놓을 수 있는 자리네.

*沙发 shāfā 소파

2 V+成 ~가 되다

보어를 포함한 동사구절이며, "성공하다, 완성하다, ~으로 되다" 등의 의미를 나타낸다.

Tā bǎ tā de jīnglì xiěchéng le yì běn shū.
① 他把他的经历写成了一本书。 　　그는 자신의 경력을 한 권의 책으로 썼다.

Rúguǒ míngtiān xià yǔ, yùndònghuì jiù kāibuchéng le.
② 如果明天下雨，运动会就开不成了。 만약 내일 비가 온다면, 운동회를 열 수가 없어.

*经历 jīnglì 경험, 체험

164

3 其中 그 중에

대명사로 쓰여 "그 중에, 그 속에"의 의미를 나타낸다. 주로 앞 절에서 서술한 범위 내를 가리킨다.

Zhè ge bān yǒu sānshí míng xuéshēng, qízhōng yíbàn shì nánshēng.

① 这个班有30名学生，其中一半是男生。

이 반에는 30명의 학생이 있는데, 그 중 절반은 남학생들이다.

Zhōngguó de měishí hěn duō, qízhōng wǒ zuì xǐhuan huǒguō.

② 中国的美食很多，其中我最喜欢火锅。

중국은 맛있는 음식이 많은데, 그 중에서 나는 훠궈를 가장 좋아한다.

*美食 měishí 맛있는 음식

句型与语法

4 **可**

부사로 쓰여 강조하는 어감을 나타내고 회화체에 많이 사용된다.

Zhè cì kǎoshì kě yào rènzhēn fùxí a.
① 这次考试可要认真复习啊。　　　　　이번 시험은 열심히 복습해야 해.

Wǎnshàng yí ge rén chūmén, kě yào xiǎoxīn a.
② 晚上一个人出门，可要小心啊。　　　저녁에 혼자 집을 나설 때, 꼭 조심해야 돼.

*认真 rènzhēn 진지하다, 성실하다
*复习 fùxí 복습하다
*出门 chūmén 외출하다

5 **倒是/倒**

부사로써 일반적인 상황과 상반되는 경우를 나타내는 "오히려, 도리어"라는 뜻 외에, 양보의 어기를 나타내어 "(비록) ~일지라도, ~하더라도"라는 의미로도 쓰인다. 뒤 절에 "就是, 可是, 但是, 不过" 와 함께 자주 사용된다.

Zhè jiàn yīfu zhìliàng dàoshì tǐng hǎo de, jiù shì jiàgé gāo le diǎnr.
① 这件衣服质量倒是挺好的，就是价格高了点儿。
이 옷은 질이 꽤 괜찮은데, 가격이 좀 비싼 것 같아.

Wǒ dàoshì xiǎng qù, búguò bù zhīdào yǒuméiyǒu shíjiān.
② 我倒是想去，不过不知道有没有时间。　나는 가고 싶긴 한데, 시간이 있을지 모르겠어.

选词填空 괄호 안에 들어갈 알맞은 단어를 고르시오.

| A 礼拜 | B 专门 | C 部分 | D 大使馆 | E 马虎 |

01. 他做事很认真，从不(   )。

02. 艺元的妈妈(   )从韩国来看她。

03. 大(   )年轻人都有熬夜的习惯。

04. (   )门口是禁止停车的。

05. 下(   )，我打算去上海一趟。

排列顺序 문장순서에 맞게 배열하시오.

06. A. 而且礼拜六也开门

    B. 其中中国银行离这儿最近

    C. 大部分的银行都可以换钱　　　(   )

07. A. 办理挂失

    B. 你应该马上给银行打电话

    C. 如果银行卡丢了的话　　　(   )

完成句子 제시된 단어들을 바르게 연결하여 완성된 문장을 만들어 보시오.

08. 银行　我　的　卡　了　丢

_____

09. 想　我　把　换成　韩元　人民币

_____

听力题 듣기 문제(내용을 듣고 맞으면 O를, 틀리면 X를 표시하시오.)

10. 他想去银行取款。(　　　　)

11. 星期六银行开门。(　　　　)

12. 他的钱包里没有现金。(　　　　)

• 연습문제 중 〈듣기 문제〉 10번~12번에 관련된 듣기 내용입니다.   🎧 11_07.mp3

Qǐng wèn, nǎ ge yínháng kěyǐ huànqián?   Wǒ xiǎng bǎ hányuán huànchéng rénmínbì.

10. 请问，哪个银行可以换钱？我想把韩元换成人民币。

말씀 좀 묻겠습니다, 어느 은행에서 환전할 수 있나요? 원화를 위엔화로 바꾸고 싶습니다.

Jīntiān shì lǐbàiliù,   yínháng kāi mén.

11. 今天是礼拜六，银行开门。

오늘은 토요일이야, 은행 문 열어.

Jiāhéng qiánbāo li yǒu shēnfènzhèng、yínhángkǎ hé yìxiē xiànjīn.

12. 嘉恒钱包里有身份证、银行卡和一些现金。

지아헝의 지갑에는 신분증, 은행카드, 그리고 현금이 조금 들어있다.

＊연습문제의 자세한 정답과 완성된 문장의
한어병음 및 해석은 뒤 부록에 실려있습니다.

제11과 연습문제 정답

01. E	02. B	03. C	04. D
05. A	06. CBA	07. CBA	08. 我的银行卡丢了。
09. 我想把韩元换成人民币。 or 我想把人民币换成韩元。	10. X	11. O	12. X

Warm-up 热身(导入) ·································· 🎧 12_01.mp3

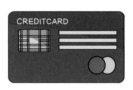

信用卡 xìnyòngkǎ
신용카드

人脸识别技术
rénliǎn shíbié jìshù
안면인식 기술

智能服务机器人
zhìnéng fúwù jīqìrén
스마트 서비스 로봇

绑定 bǎngdìng
연동하다

刷卡优惠 shuākǎ yōuhuì
카드결제 할인이벤트

积分有礼 jīfēn yǒu lǐ
포인트를 쌓으면 선물제공

생각해 보기

1. Nǐ yǒu xìnyòngkǎ ma?
你有信用卡吗?
당신은 신용카드가 있으신가요?

2. Nǐ juéde xìnyòngkǎ lì dà háishi bì dà?
你觉得信用卡利大还是弊大?
당신이 보기에는 신용카드는 장점이 많을까요, 단점이 많을까요?

生词

🎧 12_02.mp3

본문 1

绑定	bǎngdìng	(은행 계좌, 카드, 신용카드, 이메일) 연동	聚	jù	모이다
短信	duǎnxìn	메시지, 문자	放松	fàngsōng	편안하게 하다
验证码	yànzhèngmǎ	인증번호	建	jiàn	설립하다, 설치하다
设	shè	설정하다, 입력하다	微信群	wēixìnqún	위챗 채팅방
成功	chénggōng	성공하다, ~이[하게] 되다	红包	hóngbāo	축의금, 세뱃돈, 보너스

본문 2

单反相机	dānfǎnxiàngjī	DSLR 카메라	利息	lìxī	이자
主意	zhǔyi	아이디어, 방법	按时	ànshí	제때, 제시간에
分期	fēnqī	기간을 나누다	养成	yǎngchéng	양성하다, 기르다
工资	gōngzī	월급, 급여	争取	zhēngqǔ	쟁취하다, 얻다, 획득하다
压力	yālì	압력	奖学金	jiǎngxuéjīn	장학금

课文

🎧 12_03.mp3

Yìyuán 艺元

Kǎitè, tīngshuō nǐ bàn le yì zhāng Zhōngguó de yínhángkǎ. Nǐ yě yào kāishǐ wǎnggòu le ma?

凯特，听说你办了一张中国的银行卡。你也要开始网购了吗？

Kǎitè 凯特

Xiànzài shénme dōu yòng shǒujī zhīfù, háishi bǎngdìng yì zhāng Zhōngguó de yínhángkǎ bǐjiào fāngbiàn.

现在什么都用手机支付，还是绑定一张中国的银行卡
比较方便。

Duì le, nǐmen bāng wǒ bǎngdìng yíxià Wēixìn hé Zhīfùbǎo ba.

对了，你们帮我绑定一下微信和支付宝吧。

Dàlóng 大龙

Hěn jiǎndān, diǎn "tiānjiā yínhángkǎ", shūrù nǐ de yínhángkǎ kǎhào hé shǒujī hàomǎ.

很简单，点"添加银行卡"，输入你的银行卡卡号和手机号码。

Wǒ shōudào le yì tiáo yínháng de duǎnxìn.

我收到了一条银行的短信。

Bǎ duǎnxìn li de yànzhèngmǎ tiánshang, zài shè yí ge zhīfù mìmǎ.

把短信里的验证码填上，再设一个支付密码。

Wā, bǎngdìng chénggōng le. Jīntiān wǒ qǐng nǐmen hē kāfēi.

哇，绑定成功了。今天我请你们喝咖啡。

Jiāhéng 嘉恒

Zuìjìn yìzhí zhǔnbèi kǎoshì, wǒmen jǐ ge hǎojiǔ méi jù le.

最近一直准备考试，我们几个好久没聚了。

Gēn nǐmen zài yìqǐ fàngsōng duō le.

跟你们在一起放松多了。

Wǒmen sì ge jiàn ge wēixìnqún zěnme yàng? Bú jiànmiàn de shíhou yě kěyǐ liáoliao tiān.

我们四个建个微信群怎么样？不见面的时候也可以聊聊天。

Hái kěyǐ fā hóngbāo. Shéi shōudào de hóngbāo zuì dà shéi qǐng kè, zěnme yàng?

还可以发红包。谁收到的红包最大谁请客，怎么样？

Jiù zhème shuō dìng le.

就这么说定了。

예원	케이트, 중국의 은행 카드를 만들었다며? 이제 너도 인터넷 쇼핑 시작할 거야?
케이트	지금은 뭐든지 다 휴대폰으로 결제되니까, 중국의 은행 카드를 한 장으로 묶는게 편해. 참, 웨이신(위챗)하고 즈푸바오(알리페이) 연동시키는 것 좀 도와줘.
따롱	엄청 간단해, "은행 카드 추가"를 찍고, 네 은행 카드번호와 휴대폰 번호를 설정해.
케이트	은행에서 메시지 왔어.
따롱	메시지에 있는 인증번호를 기입하고, 결제 비밀번호를 하나 더 설정해.
케이트	와, 연동됐어. 오늘 너희한테 커피 사야겠는 걸.
지아헝	요즘 계속 시험 준비하느라, 우리끼리도 오랜만에 모였네. 너희와 함께 있으면 정말 편해.
예원	우리 넷이 위챗 채팅방 만드는거 어때? 만나지 않을 때도 얘기할 수 있잖아.
지아헝	홍바오를 낼 수도 있고. 받은 홍바오가 제일 큰 사람이 한 턱 내는 거, 어때?
예원	그럼 이렇게 정하자.

课文 ②

🎧 12_04.mp3

Dàlóng
大龙

Wǒ xiǎng mǎi yí ge dānfǎnxiàngjī, kěshì dōu tài guì le, mǎibuqǐ.
我想买一个单反相机，可是都太贵了，买不起。

Yìyuán
艺元

Wǒ yǒu ge hǎozhǔyi. Nǐ kěyǐ shēnqǐng yì zhāng xìnyòngkǎ, ránhòu fēnqī fùkuǎn.
我有个好主意。你可以申请一张信用卡，然后分期付款。

Xiànzài wǒmen méiyǒu gōngzī, yālì hěn dà. Zài shuō, wǒ māma yě bú huì tóngyì de.
现在我们没有工资，压力很大。再说，我妈妈也不会同意的。

Wǒ juéde xìnyòngkǎ lì dàyú bì. Shǒuxiān, lìxī hěn dī,
我觉得信用卡利大于弊。首先，利息很低，

qícì, xìnyòngkǎ jīngcháng yǒu yìxiē yōuhuì huódòng,
其次，信用卡经常有一些优惠活动，

zàicì, bú yòng dài xiànjīn, gèng ānquán.
再次，不用带现金，更安全。

Zhǐyào nǐ ànshí huánkuǎn, jiù bú huì yǒu wèntí.
只要你按时还款，就不会有问题。

Nǐ shuō de dōu duì, dàn wǒ háishi bú tài fàngxīn.
你说得都对，但我还是不太放心。

Xiāofèi xíguàn bú shì yíxiàzi yǎngchéng de.
消费习惯不是一下子养成的。

Duìyú xuéshēng láishuō, zuì zhòngyào de háishi hǎohāor xuéxí.
对于学生来说，最重要的还是好好儿学习。

Duì, nǐ kěyǐ zhēngqǔ yíxià zhè cì de jiǎngxuéjīn.
对，你可以争取一下这次的奖学金。

따롱	나 DSLR 카메라 하나 사고 싶은데, 너무 비싸서 살 수가 없어.
예원	나한테 좋은 생각이 있어. 신용카드 한 장을 신청해서, 할부로 결제해.
따롱	지금 우린 수입이 없어서, 부담이 커. 게다가 우리 엄마도 아마 동의하지 않으실거야.
예원	난 신용카드가 손해보다 이익이라고 생각해. 우선 이자가 낮고, 그 다음, 신용카드는 종종 할인 행사가 있어. 그리고 현금을 안가지고 다녀도 되니 더 안전해. 제때 돈을 갚기만 하면, 문제 될 것이 없어.
따롱	너의 말이 맞아, 그래도 난 마음이 놓이지 않아.
예원	소비 습관은 한번에 길러내는 것이 아니야.
따롱	학생에게 있어서, 가장 중요한 것은 공부를 잘하는 거야.
예원	맞아, 네가 이번 장학금을 한번 노려봐.

句型与语法

1 就这么说定了 이렇게 정하다

화자의 생각과 결정, 약속을 실현함을 나타낸다.

Bú qù le!   Jiù zhème shuō dìng le.
① 不去了! 就这么说定了。

안 갈래! 그렇게 하기로 했어.

Jiù zhème shuō dìng le. Wǒ zuò fàn,   nǐ xǐ wǎn.
② 就这么说定了。我做饭，你洗碗。

그럼 이렇게 하는걸로 하자. 난 밥을 하고, 너는 설거지를 해.

*洗碗 xǐ wǎn 설거지하다

2 V+不起 ~할 수 없다

어떠한 능력이 없거나 어떠한 상황을 견뎌내지 못함을 나타낸다.

Zhèr de cài tài guì le,   wǒmen chībuqǐ.
① 这儿的菜太贵了，我们吃不起。

여기 요리는 너무 비싸, 우리가 사 먹을 형편이 안돼.

Dàshī zhè ge chēnghu wǒ kě dāngbuqǐ.
② "大师"这个称呼我可当不起。

"사부님"은 내가 감당할 수 있는 호칭이 아니야.

*大师 dàshī 대가
*称呼 chēnghu 부르다, 호칭

3 首先……其次……再次…… 우선은~ 다음은~ 그 다음은~

사항들을 열거하는데 쓰인다. 두 개의 사항일 경우에, 오직 "首先……其次……"를 사용한다.
경우에 따라 "首先……第二……然后……"를 사용하기도 한다.

Xuǎnzé zhuānyè, shǒuxiān yào kàn xìngqù, qícì yào kǎolǜ jiùyè.

① 选择专业，首先要看兴趣，其次要考虑就业。

전공을 선택하는데 있어서, 우선은 흥미가 있는지 봐야 하고, 다음은 취업에 대해 고민해야 한다.

Zuò lǚxíng jìhuá shí, wǒ yìbān shǒuxiān xuǎndìng mùdìdì, qícì quèdìng lǚxíng shíjiān,

② 做旅行计划时，我一般首先选定目的地，其次确定旅行时间，

zàicì kǎolǜ lǚxíng fèiyòng.

再次考虑旅行费用。

여행계획을 세울 때, 나는 대부분의 경우, 첫째는 목적지를 선택하고, 둘째는 여행시간을 확정하고,
그 다음에 여행비용을 고민한다.

*专业 zhuānyè 전공, 전문
*就业 jiùyè 취업
*目的地 mùdìdì 목적지

句型与语法

4 只要……就…… ~하기만 하면, ~한다

접속사로써 충분한 필요 조건을 구비하면 그에 상응하는 결과가 있다는 의미를 나타내며, 뒤 절에 주로 "就", "便"과 호응한다.

Nǐ de bìng bù yánzhòng, zhǐyào xiūxi yíduàn shíjiān,　jiù néng hǎo.
① 你的病不严重，只要休息一段时间，就能好。
당신의 병은 그다지 심하지 않고, 얼마 동안 휴식을 취한다면 좋아질 수 있어요.

Nǐ zhǐyào dǎ ge diànhuà,　tā jiù kěyǐ bǎ dōngxi sòng guòlai.
② 你只要打个电话，他就可以把东西送过来。
네가 전화만 준다면, 그가 물건을 보내 줄 수 있어.

*严重 yánzhòng 심각하다, 심하다

5 对于……来说 ~에 대해 말하면

행동을 한 사람 또는 사물을 이끌어낸다.

Duìyú shàngbānzú láishuō,　yùndòng shíjiān fēicháng shǎo.
① 对于上班族来说，运动时间非常少。　직장인에게 있어서, 운동 시간은 아주 적다.

Shǒujī duìyú xiàndàirén láishuō zuòyòng fēicháng dà.
② 手机对于现代人来说作用非常大。　휴대폰은 현대인들에게 있어서 그 역할이 아주 크다.

*上班族 shàngbānzú 샐러리맨, 봉급 생활자
*现代人 xiàndàirén 현대인
*作用 zuòyòng 작용, 영향, 역할

练习题

选词填空 괄호 안에 들어갈 알맞은 단어를 고르시오.

A 短信	B 成功	C 养成	D 压力	E 主意

01. 最近，凯特的学习(　　　　)很大。

02. 学生应该(　　　　)好的消费习惯。

03. 经过多年的努力，她终于(　　　　)了。

04. 微信绑定银行卡时，手机会收到验证(　　　　)。

05. 我们一起去找艺元商量吧，她可能会有好(　　　　)。

完成对话 괄호 안의 단어를 사용하여 대화의 내용을 완성하시오.

06. A: 你平时喜欢运动吗？

    B: ＿＿＿＿＿＿＿＿＿＿＿＿＿＿＿＿＿＿。(对于......来说)

07. A: 那件一万二的外套买了吗？

    B: ＿＿＿＿＿＿＿＿＿＿＿＿＿＿＿。(V+不起)

完成句子 제시된 단어들을 바르게 연결하여 완성된 문장을 만들어 보시오.

08. 请　　密码　　一个　　支付　　设

　　_____

09. 信用卡　　你　　申请　　可以　　一张

　　_____

听力题 듣기 문제(대화를 듣고 질문에 맞는 정답을 고르시오.)

10. A. 成功了　　　B. 失败了　　　C. 不知道　　　D. 没有说

11. A. 好久没见面　B. 好久没学习　C. 好久没回家　D. 好久没喝咖啡

12. A. 没有提　　　B. 无所谓　　　C. 不同意　　　D. 同意

*연습문제의 자세한 정답과 완성된 문장의 한어병음 및 해석은 뒤 부록에 실려있습니다.

第12과　연습문제 정답

01. D	02. C	03. B
04. A	05. E	06. (예시)对于我来说，运动是一种压力。
07. (예시)太贵了，我买不起。	08. 请设一个支付密码。	09. 你可以申请一张信用卡。
10. A	11. A	12. C

• 연습문제 중 〈듣기 문제〉 10번~12번에 관련된 듣기 내용입니다.

🎧 12_05.mp3

10. 男: Nǐ shōudào yínháng de duǎnxìn zhīhòu, bǎ duǎnxìn li de yànzhèngmǎ tiánshàng, zài shè yí ge zhīfù mìmǎ.
你收到银行的短信之后，把短信里的验证码填上，再设一个支付密码。

남자: 은행 문자를 받은 뒤, 메시지의 인증번호를 입력하고 결제 비밀번호를 설정하세요.

女: Yínhángkǎ hé Wēixìn bǎngdìng chénggōng le.
银行卡和微信绑定成功了。

여자: 은행카드와 웨이신(위챗)을 연동하는데 성공했어요.

问: Nǔde de Wēixìn bǎngdìng chénggōng le ma?
女的的微信绑定成功了吗？

질문: 여자는 웨이신(위챗) 연동을 성공했나요?

11. 女: Jīntiān wǒ qǐng nǐmen hē kāfēi.
今天我请你们喝咖啡。

여자: 오늘 제가 당신들께 커피를 살게요.

男: Hǎo a, wǒmen jǐ ge hǎojiǔ méi jù le.
好啊，我们几个好久没聚了。

남자: 좋아요, 우리 오랫동안 모이지 못했잖아요.

问: Nánde shì shénme yìsi?
男的是什么意思？

질문: 남자가 한 말은 무슨 뜻일까요？

12. 男: Wǒ xiǎng mǎi yí ge xiàngjī, kěshì jiàgé tài gāo, wǒ shízài mǎibuqǐ.
我想买一个相机，可是价格太高，我实在买不起。

남자: 나는 카메라 하나를 사고 싶어. 근데 가격이 너무 비싸서 도저히 살 수가 없어.

女: Nǐ kěyǐ shēnqǐng yì zhāng xìnyòngkǎ, ránhòu fēnqī fùkuǎn.
你可以申请一张信用卡，然后分期付款。

여자: 신용카드를 한 장 신청하고 할부로 결제해.

男: Xiànzài wǒ méiyǒu gōngzī, yālì hěn dà, zài shuō, wǒ māma yě bú huì tóngyì de.
现在我没有工资，压力很大，再说，我妈妈也不会同意的。

남자: 나는 아직 월급이 없어서 스트레스가 커. 더군다나, 우리 엄마도 아마 동의하지 않으실거야.

女: Wǒ juéde xìnyòngkǎ lì dàyú bì.
我觉得信用卡利大于弊。

여자: 내가 보기에 신용카드는 단점보다 장점이 더 많아.

男: Wǒ kě bú zhème rènwéi.
我可不这么认为。

남자: 나는 그렇게 생각하지 않아.

问: Nánde tóngyì nǔde de shuōfǎ ma?
男的同意女的的说法吗？

질문: 남자는 여자의 의견에 동의하나요？

181

人民币简介

　　中国人民银行于2019年8月30日起发行了第五套人民币50元、20元、10元、1元纸币和1元、5角、1角硬币。第五套人民币继承了中国印制技术的传统经验，借鉴了国外钞票设计的先进技术，在防伪性能和适应货币处理现代化方面有了较大提高。各面额货币正面均采用毛泽东主席建国初期的头像，底衬采用了中国著名花卉图案，背面主景图案选用了有代表性的寓有民族特色的图案，来表现中国悠久的历史和壮丽的山河。背面图案分别如下：

　　1元人民币纸币背面景观：　　西湖三潭印月(浙江杭州)。
　　5元人民币纸币背面景观：　　泰山(山东泰安)。
　　10元人民币纸币背面景观：　长江三峡-瞿塘峡夔门(重庆)。
　　20元人民币纸币背面景观：　桂林山水(广西桂林)。
　　50元人民币纸币背面景观：　布达拉宫(西藏拉萨)。
　　100元人民币纸币背面景观：人民大会堂(北京)。

런민삐(인민폐, 위안화)에 대한 간단한 소개

　　중국인민은행은 2019년 8월 30일부터 제5차 위엔화를 발행하였는데, 50위엔, 20위엔, 10위엔, 1위엔의 지폐와 1위엔, 50쟈오, 10쟈오의 동전을 발행하였다. 제5차 인민폐는 중국의 인쇄기술의 전통적인 경험을 이어받고 해외의 지폐 설계의 선진적인 기술들을 참조하여 위조 방지의 성능과 화폐의 현대적 기술 처리의 적응에 있어서 많은 제고를 가져왔다. 각 액면가들의 화폐 정면은 모두 마오쩌똥(모택동)의 건국 초기 모습을 사용했고 바탕은 중국의 유명한 화훼 도안을 사용했으며 뒷면의 주요 풍경 도안은 민족 특색의 의미를 갖는 대표적인 도안을 선택하여 중국의 유구한 역사와 장려한 산천을 표현했다, 뒷면의 도안은 각각 아래와 같다.

　　1위엔 위엔화 지폐의 뒷면 경관：　　서호의 삼담인월(져장 항죠우)
　　5위엔 위엔화 지폐의 뒷면 경관：　　태산(샨똥 타이안)
　　10위엔 위엔화 지폐의 뒷면 경관：　장강삼협-취탕시아퀘이먼(충칭)
　　20위엔 위엔화 지폐의 뒷면 경관：　계림산수(꽝시 지린)
　　50위엔 위엔화 지폐의 뒷면 경관：　포탈라궁전(티베트 라싸)
　　100위엔 위엔화 지폐의 뒷면 경관：인민대회당(베이징)

부록

연습문제 완성 및 해석

● **교통편**

제1과

Qù Tiānjīnzhàn, yào xiān zuò yī hàoxiàn, ránhòu huànchéng sān hàoxiàn.

01. 去天津站，要先坐1号线，然后(换乘)3号线。

티엔진(천진)역에 가려면 먼저 1호선을 탄 후에 3호선으로 갈아타세요.

Xiànzài shuā shǒujī jiù kěyǐ jìn zhàn zuò dìtiě, zhēnshì tài fāngbiàn le.

02. 现在(刷)手机就可以进站坐地铁，真是太方便了。

지금은 핸드폰으로 스캔하면 바로 역으로 들어가 지하철을 탈 수 있어서 정말로 편리해요.

Rúguǒ yǒu shénme wèntí kěyǐ suíshí liánxì wǒ.

03. 如果有什么问题可以(随时)联系我。

만약에 무슨 문제가 있으면 언제든지 저에게 연락해도 돼요.

Sījī tíxǐng chéngkè xiàchē shí yào ná hǎo xíngli.

04. 司机(提醒)乘客下车时要拿好行李。

운전기사는 승객에게 차에서 내릴 때 짐을 잘 챙기라고 알려주었다.

Yánzhe zhè tiáo lù wǎng qián zǒu yì bǎi mǐ, jiùshì Tǔchéng dìtiězhàn.

05. (沿着)这条路往前走100米，就是土城地铁站。

이 길을 따라 앞으로 100미터만 가면 바로 투청(토성) 지하철역이에요.

Nǐ kěyǐ zài zìdòng shòupiàojī shàng mǎipiào, yě kěyǐ zài réngōng chuāngkǒu mǎipiào, dōu fēicháng fāngbiàn.

06. 你可以在自动售票机上买票，也可以在人工窗口买票，都非常方便。

자동발권기에서도 표를 살 수 있고 매표소 창구에서도 표를 살 수 있는데, 모두 매우 편리해요.

Xiǎng qù Tiānjīnzhàn de huà, nǐ děi xiān zuò yī hàoxiàn, ránhòu zài huànchéng sān hàoxiàn.

07. 想去天津站的话，你得先坐1号线，然后再换乘3号线。

티엔진(천진)역으로 가려고 하면, 먼저 1호선을 탄 후에, 다시 3호선으로 갈아타셔야 합니다.

Zhècì lǚxíng nǐmen dōu qù le shénme dìfang?

08. A: 这次旅行你们都去了什么地方？

당신들은 모두 이번 여행 어디로 가셨어요?

Wǒmen xiān qù le Shànghǎi, ránhòu qù le Hángzhōu.

B: 我们先去了上海，然后去了杭州。

우리들은 먼저 샹하이(상해)에 간 후에 항죠우(항주)도 갔어요.

Xiànzài, yòng shǒujī zuò dìtiě、zuò gōngjiāo、dǎchē dōu méiyǒu wèntí.

09. A: 现在，用手机坐地铁、坐公交、打车都没有问题。

지금은 핸드폰을 사용해서 지하철, 대중교통, 택시를 타는 게 모두 문제없어요.

Tīngqǐlái hěn fāngbiàn.

B: 听起来很方便。

매우 편리한 것 같네요.

Dàlóng búyòng huànchéng dìtiě jiù kěyǐ dào
Tiānjīnzhàn.

10. 大龙不用换乘地铁就可以到天津站。(X)

따롱은 지하철을 갈아탈 필요 없이 티엔진(천진)역
에 도착할 수 있다.

Zài dìtiězhàn li de réngōng chuāngkǒu mǎipiào yě
kěyǐ.

11. 在地铁站里的人工窗口买票也可以。(O)

지하철역 안에 있는 매표소 창구에서도 표를 살 수
있다.

Kǎitè juéde shuā shǒujī zuò dìtiě hěn fāngbiàn

12. 凯特觉得刷手机坐地铁很方便。(O)

케이트는 핸드폰을 스캔해서 지하철을 타는 것이
매우 편리하다고 느꼈다.

제2과

Zhè ge zhōumò Běijīng zhǎnlǎnguǎn yǒu qìchē
zhǎnlǎn, tīngshuō tèbié (huǒ).

01. 这个周末北京展览馆有汽车展览, 听说特别
(火)。

이번 주말에 베이징(북경) 전시장에서 자동차 전시
회가 있는데, 매우 인기가 많다고 들었어요.

Nǐ zuìhǎo dài yì bǎ sǎn, (wànyī) xiàyǔ, yě bú huì línshī.

02. 你最好带一把伞, (万一)下雨, 也不会淋湿。

우산을 챙기는 것이 좋아요, 만일 비가 오면 비에 젖
지 않을 겁니다.

Huǒchēpiào kěyǐ (tíqián) zài wǎngshàng yùdìng.

03. 火车票可以(提前)在网上预订。

기차표는 미리 인터넷으로 예약할 수 있어요.

Zhè cì de jùhuì, dàlóng bù néng cānjiā, shízài tài (kěxī)
le.

04. 这次的聚会, 大龙不能参加, 实在太(可惜)了。

이번 모임에 따롱은 참가할 수 없어요, 정말 너무 아
쉬워요.

Míngtiān shàngwǔ jiǔ diǎn (zuǒyòu) de huǒchēpiào
hái yǒu ma?

05. 明天上午九点(左右)的火车票还有吗?

내일 오전 9시 정도 기차표가 아직 있나요?

Mǎi huǒchēpiào shí, kěyǐ xiān zài 12306 wǎngzhàn
shàng yùdìng, ránhòu ná zhe hùzhào qù
shòupiàochuāngkǒu qǔpiào.

06. 买火车票时, 可以先在12306网站上预订, 然
后拿着护照去售票窗口取票。

기차표를 살 때, 사전에 12306사이트에서 미리 예
약하고, 그 후에 여권을 가지고 매표창구에서 표를
찾으면 됩니다.

Shòupiàoyuán gàosu wǒ, liùsuì yǐxià de értóng kěyǐ
miǎnpiào, dànshì méiyǒu zuòwèi.

07. 售票员告诉我, 6岁以下的儿童可以免票, 但
是没有座位。

판매원이 제게 6세 이하의 아동은 표를 사지 않아도
되지만, 좌석이 없다고 알려주었어요.

Zěnme qù Běijīng bǐjiào fāngbiàn?

08. 怎么去北京比较方便?

베이징(북경)에 가려면 어떻게 가는 것이 비교적 편
할까요?

Wǒ xiǎng gǎiqiān huǒchēpiào.

09. 我想改签火车票。

저는 기차표 예약을 변경하고 싶어요.

Tā zhōumò néng qù Běijīng kàn zhǎnlǎn.

10. 她周末能去北京看展览。(X)

그녀는 주말에 전시회를 보러 베이징(북경)에 갈 수 있다.

Zuò gāotiě qù Běijīng hěn fāngbiàn.

11. 坐高铁去北京很方便。(O)

고속철도를 타고 베이징(북경)에 가는 건 매우 편리하다.

Shísuì de értóng kěyǐ miǎnpiào.

12. 10岁的儿童可以免票。(X)

10살의 아동은 표를 사지 않아도 된다.

제3과

Zhōngguó yínxíng jiù zài tǐyùguǎn de duìmiàn.

01. 中国银行就在体育馆的(对面)。

중국은행은 체육관의 맞은편에 있습니다.

Sǎngzi bù shūfu shí, nǐ yīnggāi jìnliàng shǎo shuōhuà.

02. 嗓子不舒服时，你应该(尽量)少说话。

목이 아플 때는 되도록 말을 적게 해야 합니다.

Xiànzài shì xiàbān gāofēngqī, lùshàng hěn dǔ.

03. 现在是下班高峰期，路上很(堵)。

지금은 퇴근 러시아워라 길이 매우 막힙니다.

Wǒmen gǎn shíjiān, shīfu néng kāi kuài diǎn ma?

04. 我们(赶)时间，师傅能开快点吗？

저희가 시간이 좀 빠듯해서, 기사님 운전을 빨리 좀 해주실 수 있나요?

Shīfu, qǐng kào biānr tíng yíxià, wǒmen xiàchē.

05. 师傅，请(靠)边儿停一下，我们下车。

기사님, 옆에 좀 세워 주세요, 저희 내릴게요.

Tā lái cānjiā jīntiān de huìyì ma?

06. A: 他来参加今天的会议吗？

그는 오늘 회의에 참가하나요？

Yǐjīng bā diǎn duō le, gūjì tā bú huì lái le.

B: 已经八点多了，估计他不会来了。

벌써 8시가 넘었네요, 그는 아마 올 수 없을 것 같아요.

Zhè jiàn yīfu zěnmeyàng?

07. A: 这件衣服怎么样？

이 옷은 어때요？

Yánsè hěn piàoliang, jiùshì jiàgé yǒudiǎnr gāo.

B: 颜色很漂亮，就是价格有点儿高。

색상이 예뻐요, 다만 가격이 좀 비싸네요.

Bié wàng le ná hǎo nǐ de xíngli.

08. 别忘了拿好你的行李。

짐을 챙기는 것 잊지 마세요.

Zhè tiáo lù wǒ bùshú.

09. 这条路我不熟。

이 길이 저는 익숙하지 않아요.

lùshàng hěn dǔ

10. A. 路上很堵　　길이 매우 막히다

méiyǒu chūzūchē

B. 没有出租车　　택시가 없다

mǎshàng xiàbān

C. 马上下班　　바로 퇴근하다

xiǎng qù chīfàn

D. 想去吃饭　　밥 먹으러 가고 싶다

huǒchē

11. A. 火车　　기차

chūzūchē

B. 滴滴车　　띠디택시

gōnggòng qìchē

C. 公共汽车　　버스

péngyou de chē

D. 朋友的车　　친구의 차

kāi kuài yìdiǎn

12. A. 开快一点　　빨리 운전하다

yào fāpiào

B. 要发票　　영수증이 필요하다

ná hǎo xíngli

C. 拿好行李　　짐을 챙기다

jì ānquándài

D. 系安全带　　안전벨트를 메다

● 음식편

(제4과)

Qiānwàn bú yào fàng xiāngcài, wǒ bù chī xiāngcài.

01. (千万)不要放香菜，我不吃香菜。

절대 고수를 넣지 마세요, 저는 고수를 먹지 않아요.

Fúwùyuán, zài lái yí fèn jiǎozi.

02. 服务员，再来一(份)饺子。

웨이터, 만두 1인분 더 주세요.

Zhè xiē shūcài hé ròu bú gòu chī, zài diǎn yìxiē ba.

03. 这些蔬菜和肉不(够)吃，再点一些吧。

이 채소와 고기는 먹기에 모자라니까 좀 더 주문하세요.

Lǎobǎn yìbān bù xǐhuan guāng shuō bú zuò de zhíyuán.

04. 老板一般不喜欢(光)说不做的职员。

사장은 일반적으로 말만 하고 행하지 않는 직원을 좋아하지 않습니다.

Nǐ qù chāoshì shí, néng shùnbiàn bāng wǒ mǎi yì píng kělè ma?

05. 你去超市时，能(顺便)帮我买一瓶可乐吗？

당신 시장에 갈 때, 가는 김에 콜라 한 병을 제게 사다 주시겠어요?

Zài fàndiàn chīfàn shí, rúguǒ yǒu méi chīwán de cài, wǒmen kěyǐ dǎbāo dài zǒu.

06. 在饭店吃饭时，如果有没吃完的菜，我们可以打包带走。

식당에서 밥 먹을 때, 만약 다 먹지 못한 요리가 있다면, 우리는 포장해서 가져갈 수 있습니다.

Chī huǒguō shí, yǒude rén xǐhuan chī jūntāngguō, yě yǒude rén xǐhuān chī yuānyāngguō.

07. 吃火锅时，有的人喜欢吃菌汤锅，也有的人喜欢吃鸳鸯锅。

훠궈를 먹을 때, 어떤 사람은 버섯 육수탕을 좋아하고, 또 어떤 사람은 원앙냄비탕으로 먹는 것을 좋아합니다.

Máfan nǐ ná yíxià càidān.

08. 麻烦你拿一下菜单。

메뉴판을 좀 주세요.

Wǒ shízài shòubuliǎo tā de wèidao.

09. 我实在受不了它的味道。

저는 정말 그 맛을 참을 수 없어요.

Zài fàndiàn diǎncài shí, Yìyuán yǒu jìkǒu de, tā bù chī xiāngcài.

10. 在饭店点菜时，艺元有忌口的，她不吃香菜。(O)

식당에서 주문할 때, 예원이는 가리는 음식이 있다. 그녀는 고수를 안 먹는다.

Kǎitè hé Jiāhéng chī de shì xīcān.

11. 凯特和嘉恒吃的是西餐。(X)

케이트와 지아헝이 먹은 것은 서양식이다.

Tāmén chīwán huǒguō jiézhàng shí, shǐyòng le yōuhuìquàn.

12. 他们吃完火锅结账时，使用了优惠券。(X)

그들은 훠궈를 다 먹고 결제할 때 쿠폰을 사용했다.

Duō kuī nǐ de tíxǐng, yàobù wǒ jiù bǎ shǒujī wàng zài chūzūchē shàng le.

01. (多亏)你的提醒，要不我就把手机忘在出租车上了。

당신이 알려준 덕분에, 그렇지 않으면 제가 핸드폰을 택시에 두고 내릴뻔했어요.

Zhōumò yǒu kòngr ma? Wǒ xiǎng qǐng nǐ lái wǒ jiā chīfàn.

02. 周末有(空儿)吗？我想请你来我家吃饭。

주말에 시간 있어요? 전 당신을 저희 집으로 초대해 식사를 접대하고 싶어요.

Zhè dào cài wèidao zhēn búcuò, nǐ cháng yíxià.

03. 这道菜味道真不错，你(尝)一下。

이 요리가 맛이 좋네요, 맛 좀 보세요.

Mǎi yì zhāng liǎngrén tàocān de tuángòuquàn cái yìbǎi líng bā yuán, hěn huásuàn.

04. 买一张两人套餐的团购券才108元，很(划算)。

2인 세트 공동구매 쿠폰이 한 장에 겨우 108위엔이라, 가격이 매우 타산이 맞아요.

Zhè cì kǎoshì hěn nán, wǒmen bān hěn duō rén dōu méi tōngguò.

05. 这次考试很难，我们班很多人都没(通过)。

이번 시험은 어려워서 우리 반의 많은 사람들이 모두 통과하지 못했어요.

Rúguǒ Dàlóng zhōumò yǒu shíjiān, Yìyuán xiǎng qǐng tā chīfàn, yīnwèi tā xiǎng gǎnxiè Dàlóng duì tā de bāngzhù.

06. 如果大龙周末有时间, 艺元想请他吃饭, 因为她想感谢大龙对她的帮助。

만약 따롱이 주말에 시간이 있다면, 예원은 그에게 식사를 청하고 싶습니다. 왜냐하면 따롱이 그녀에게 도움을 준 것에 감사를 표하고 싶기 때문입니다.

Yìyuán yīnwèi zhèngzài jiǎnféi, bù xiǎng chī yóunì de shíwù, suǒyǐ tā zhǐ diǎn le shūcài shālā.

07. 艺元因为正在减肥, 不想吃油腻的食物, 所以她只点了素菜沙拉。

예원이는 지금 다이어트 중이기 때문에, 느끼한 음식을 먹고 싶지 않아 그린 샐러드만 주문했습니다.

Tīngshuō zhè jiā fàndiàn de cài wèidao búcuò.

08. 听说这家饭店的菜味道不错。

이 식당 요리는 매우 맛이 좋다고 들었습니다.

Yàobù wǒmen jiào wàimài chī ba.

09. 要不我们叫外卖吃吧。

아니면 우리 배달시켜서 먹어요.

Tā xiǎng yùdìng zhōurì wǎnshàng de zuòwèi.

10. 他想预订周日晚上的座位。(X)

그는 일요일 저녁 자리를 예약하고 싶다.

Zhōumò kěyǐ shǐyòng tuángòuquàn.

11. 周末可以使用团购券。(X)

주말에 단체 구매 쿠폰을 사용할 수 있다.

Tā xūyào dào lóu ménkǒu qǔ wàimài.

12. 她需要到楼门口取外卖。(O)

그녀는 건물 입구에서 배달 음식을 받아야 한다.

Tā hěn xǐhuan kàn shū, sùshè li dàochù dōu shì shū.

01. 他很喜欢看书, 宿舍里(到处)都是书。

그녀는 독서를 좋아해서 기숙사 곳곳마다 책이 있습니다.

Fúwùyuán xiàng kèrén tuījiàn tāmen de tèsècài.

02. 服务员向客人(推荐)他们的特色菜。

종업원이 고객에게 그들(식당)의 특색있는 요리를 추천했습니다.

Jiàoshì lǐ yòu zāng yòu luàn, wǒmen yìqǐ shōushi yíxià ba.

03. 教室里又(脏)又乱, 我们一起收拾一下吧。

교실 안이 더럽고 어지럽네요, 우리 함께 정리 좀 해요.

Yúnnán Dàlǐ de fēngjǐng fēicháng piàoliang, zhídé zài qù yí cì.

04. 云南大理的风景非常漂亮, (值得)再去一次。

윈난(운남) 따리(대리)의 풍경은 매우 아름답기에 한번 더 가볼 만한 가치가 있어요.

Zhè shì yì jiā wǎnghóng kāfēidiàn, hěn shòu huānyíng, měitiān yǒu hěn duō rén páiduì.

05. 这是一家网红咖啡店, 很(受欢迎), 每天有很多人排队。

여기는 왕홍 커피숍인데, 인기가 매우 많아서 매일 많은 사람들이 줄을 서요.

Xiànzài cóng Běijīng dào Shànghǎi xūyào
duōcháng shíjiān?

06. A: 现在从北京到上海需要多长时间?

지금 베이징(북경)에서 샹하이(상해)까지 얼마나
걸리나요?

Rúguǒ zuò dòngchē dehuà, xūyào wǔ gè xiǎoshí
zuǒyòu.

B: 如果坐动车的话, 需要5个小时左右。

만약 고속열차를 탄다면 5시간 정도 걸립니다.

Wǒmen qù Xīngbākè zuò yíhuì, zěnmeyàng?

07. A: 我们去星巴克坐一会, 怎么样?

우리 잠시 스타벅스에 가서 앉을까요, 어때요?

Hǎo ya, wǒmen kěyǐ biān hē kāfēi biān liáotiān.

B: 好呀, 我们可以边喝咖啡边聊天。

좋아요, 우리 커피 마시면서 이야기합시다.

Kěyǐ yòng zhīfùbǎo fùqián ma?

08. 可以用支付宝付钱吗?

알리페이로 지불할 수 있나요?

Xiànzài de niánqīngrén bǐjiào xǐhuan hē kāfēi.

09. 现在的年轻人比较喜欢喝咖啡。

지금 젊은 사람들은 커피 마시는 것을 비교적 좋아
합니다.

yǐnpǐn diàn

10. A. 饮品店　　음료점

shāngdiàn

B. 商店　　상점

chāoshì

C. 超市　　슈퍼마켓

shūdiàn

D. 书店　　서점

nǎichá

11. A. 奶茶　　밀크티

rè měishì

B. 热美式　　따뜻한 아메리카노

bīng měishì

C. 冰美式　　아이스 아메리카노

xiāngcǎo nátiě

D. 香草拿铁　　바닐라 라떼

kāfēidiàn

12. A. 咖啡店　　커피숍

yǐnpǐn diàn

B. 饮品店　　음료점

cháguǎn

C. 茶馆　　찻집

fàndiàn

D. 饭店　　호텔

쇼핑편

제7과

Kǎitè hé Yìyuán jīngcháng yìqǐ qù guàngjiē.
01. 凯特和艺元经常一起去(逛)街。
케이트와 예원은 자주 함께 쇼핑하러 갑니다.

Zhè shì jīnnián zuì liúxíng de kuǎnshì, mài de hěn huǒ.
02. 这是今年最(流行)的款式，卖得很火。
이 옷은 올해 가장 유행하는 스타일이라 매우 잘 팔려요.

Hēisè de máoyī fēicháng shìhé tā, kànqǐlái hěn shíshàng.
03. 黑色的毛衣非常(适合)她，看起来很时尚。
검은색 스웨터는 그녀에게 매우 잘 어울려서 세련돼 보여요.

Měi dào huànjì shí, shāngcháng de yīfu dōu huì dǎzhé.
04. 每到换季时，商场的衣服都会(打折)。
매번 환절기마다, 상점 옷들은 할인을 많이 합니다.

Xiàbān gāofēngqī, lù shàng kěndìng dǔ chē, wǒmen háishì zuò dìtiě qù jīcháng ba.
05. 下班高峰期，路上(肯定)堵车，我们还是坐地铁去机场吧。
퇴근 러시아워라 분명 길이 막힐 건데, 우리 지하철을 타고 공항에 갑시다.

Zhè zhǒng chá shì "lǜsè shípǐn", hēqǐlái yě hěn xiāng, suǒyǐ wǒ juédìng mǎi tā.
06. 这种茶是"绿色食品"，喝起来也很香，所以我决定买它。
이런 종류의 차는 "녹색식품"인데 마시기에 향도 좋아서, 그래서 그것을 사는 것으로 결정했어요.

Wǒ tuījiàn nǐ mǎi zhè zhǒng lǜchá, yī lái zhè zhǒng chá zhìliang hěn hǎo, èr lái bāozhuāng jīngměi.
07. 我推荐你买这种绿茶，一来这种茶质量很好，二来包装精美。
저는 이런 종류의 차를 구매하도록 추천합니다. 첫째로 이 종류의 차는 품질이 좋고, 둘째로 포장이 매우 정교해요.

Tā duì Zhōngguó de chá wénhuà fēicháng gǎn xìngqù.
08. 她对中国的茶文化非常感兴趣。
그녀는 중국의 차 문화에 대해 매우 많은 흥미를 갖고 있다.

Zuìjìn tiānr yuè lái yuè lěng le.
09. 最近天儿越来越冷了。
최근에 날이 갈수록 추워진다.

Yìyuán xiǎng mǎi de nà jiàn wàitào hěn shíshàng.
10. 艺元想买的那件外套很时尚。(O)
예원이가 사고 싶은 그 외투는 매우 스타일리시하다.

Yìyuán shì chuān le nà jiàn wàitào.
11. 艺元试穿了那件外套。(O)
예원이는 그 외투를 입어 보았다.

Dàlóng mǎi le sān hé chá.
12. 大龙买了三盒茶。(X)
따롱은 세 상자의 차를 구매했다.

Yíjiā jiājū tígōng sòng huò shàng mén de fúwù.

01. 宜家家居(提供)送货上门的服务。

이케아 가구점은 배송 서비스를 제공합니다.

Wǎng shàng mǎi de yùndòngxié zhìliàng yǒu
bǎozhèng ma?

02. 网上买的运动鞋质量有(保证)吗?

인터넷으로 산 운동화는 품질 보증이 있나요?

Tāmen liǎ jīngcháng yìqǐ qù guàngjiē gòuwù.

03. 她们(俩)经常一起去逛街购物。

그녀 둘은 자주 함께 쇼핑하러 거리에 갑니다.

Xiānsheng, zhè li kěyǐ miǎnfèi tíngchē ma?

04. 先生，这里可以(免费)停车吗?

선생님, 여기는 무료로 주차가 되나요?

Yīnggāi zǎo shuì zǎo qǐ, jīngcháng áoyè duì shēntǐ bù
hǎo.

05. 应该早睡早起，经常(熬夜)对身体不好。

일찍 자고 일찍 일어나야 합니다, 자주 밤을 새면
건강에 좋지 않아요.

Shuāng shí yī gòuwùjié shí, tā áoyè mǎi le hěn duō
dōngxi, suǒyǐ tā de yǎnjing dōu chéng xióngmāoyǎn
le.

06. 双十一购物节时，他熬夜买了很多东西，所以
他的眼睛都成熊猫眼了。

쌍스이(블랙 프라이데이)에 그는 밤새 많은 물건을
샀습니다. 그래서 그의 눈이 모두 판다 눈이 되었
어요.

Shōudào wǎng shàng gòumǎi de dōngxi zhīhòu,
yǒu rènhé de bù mǎnyì, dōu kěyǐ tuì huò.

07. 收到网上购买的东西之后，有任何的不满意，
都可以退货。

인터넷으로 구매한 물건을 받은 후, 어떤 불만족이
라도 전부 환불이 가능합니다.

Gòuwù shì wǒ zuì dà de àihào. /
Wǒ zuì dà de àihào shì gòuwù.

08. 购物是我最大的爱好。/
我最大的爱好是购物。

쇼핑은 저의 최대 취미입니다. /
저의 최대 취미는 쇼핑입니다.

Wǒ zhè ge yuè yòu chéng yuèguāngzú le. /
Zhè ge yuè wǒ yòu chéng yuèguāngzú le.

09. 我这个月又成月光族了。/
这个月我又成月光族了。

나는 이번 달에 또 월광족이 되었습니다. /
이번 달에 나는 또 월광족이 되었습니다.

Tā dǎsuan shàng wǎng kàn xīnwén.

10. 他打算上网看新闻。(X)

그는 온라인으로 신문을 볼 계획이다.

Tā chuān zhè shuāng xié hěn héshì.

11. 她穿这双鞋很合适。(X)

그녀는 이 신발을 신으면 매우 어울린다.

Zhè ge shāngpǐn bù kěyǐ tuì huò.

12. 这个商品不可以退货。(X)

이 상품은 환불이 불가하다.

Kǎitè duì wǎnggòu de máoyī hěn shīwàng.
01. 凯特对网购的毛衣很(**失望**)。

케이트는 인터넷 쇼핑으로 산 스웨터에 매우 실망했어요.

Zhè tiáo kùzi gēnběn bù héshì, tài féidà le.
02. 这条裤子根本不合适, 太(**肥大**)了。

이 바지는 전혀 맞지 않아요. 너무 크네요.

Yìbān lái shuō, xīn mǎi de shāngpǐn qītiān zhīnèi dōu kěyǐ miǎnfèi tuìhuàn.
03. 一般来说, 新买的商品七天(**之内**)都可以免费退换。

일반적으로 새로 구입하신 상품은 7일 이내에 모두 무료로 반품할 수 있어요.

Gùkè gěi le wǒmen hěn duō、hěn hǎo de jiànyì.
04. 顾客给了我们很多、很好的(**建议**)。

고객이 우리에게 아주 많고 좋은 의견을 주셨습니다.

Shǐyòng xīn xǐyījī zhīqián, háishì xiān kànkan tā de shuōmíngshū ba.
05. 使用新洗衣机之前, 还是先看看它的(**说明**)书吧。

새로운 세탁기를 사용하기 전에, 우선 그 설명서를 보는 것이 좋겠어요.

Tuì lái tuì qù duō máfan a.
06. A: 退来退去多麻烦啊。

교환하고 환불하고 얼마나 번거롭나요.

Bù máfan, kuàidì dōu shàng mén qǔ huò.
B: 不麻烦, 快递都上门取货。

귀찮지 않아요, 택배가 문 앞에서 물건을 찾아가요.

Zhōuliù de tóngxuéhuì, nǐ néng cānjiā ma?
07. A: 周六的同学会, 你能参加吗?

토요일 동창회에 당신 참가할 수 있어요?

Zhōumò wǒ yào qù Shànghǎi, kǒngpà zhè cì bù néng cānjiā le.
B: 周末我要去上海, 恐怕这次不能参加了。

주말에 저는 샹하이에 가야 해서, 아마도 이번엔 참가할 수 없어요.

Wǎnggòu de yùndòngxié zhìliàng hěn yìbān.
08. 网购的运动鞋质量很一般。

인터넷 쇼핑으로 산 운동화는 품질이 보통입니다.

Zhè jiàn máoyī shì chún yángmáo de.
09. 这件毛衣是纯羊毛的。

이 스웨터는 순 양모입니다.

piàoliang
10. A. 漂亮　　　예쁘다

liúxíng
B. 流行　　　유행하다

shíshàng
C. 时尚　　　패션

féidà
D. 肥大　　　커서 헐렁헐렁하다

wǎngshàng
11. A. 网上　　　인터넷

mǎlù
B. 马路　　　큰길

shāngchǎng
C. 商场　　　상점

dìtiě
D. 地铁　　　지하철

mǎi máoyī
12. A. 买毛衣　　스웨터를 사다

xǐ máoyī
B. 洗毛衣　　스웨터를 세탁하다

zhǎo máoyī
C. 找毛衣　　스웨터를 찾다

tuì máoyī
D. 退毛衣　　스웨터를 반품하다

● 은행편

제10과

Jīntiān de kǎoshì hěn róngyì, dàjiā búyòng jǐnzhāng.
01. 今天的考试很容易，大家不用(紧张)。
오늘 시험은 매우 쉬워서 모두 긴장할 필요가 없습니다.

Zài zìdòng qǔkuǎnjī shàng qǔqián shí, yào xiān shūrù mìmǎ.
02. 在自动取款机上取钱时，要先输入(密码)。
자동 인출기에서 돈을 찾을 때, 먼저 비밀번호를 입력해야 합니다.

Fùmǔ jíshǐ gōngzuò zài máng, yě yīnggāi duō péi háizi.
03. 父母即使工作再忙，也应该多(陪)孩子。
부모님은 아무리 일이 바쁘다고 해도, 마땅히 아이들과 잘 놀아주어야 합니다.

Wàiguórén shēnqǐng yínhángkǎ hěn jiǎndān, yìdiǎn yě bú fùzá.
04. 外国人申请银行卡很简单，一点也不(复杂)。
외국인은 은행카드를 신청하는 것이 매우 간단해서, 조금도 복잡하지 않습니다.

Rúguǒ xiǎng cānjiā HSK kǎoshì, nǐ xūyào tíqián yí ge yuè zài wǎng shàng bàomíng.
05. 如果想参加HSK考试，你需要提前一个月在网上(报名)。
만약 HSK 시험에 참가하고 싶다면, 당신은 1개월 전에 인터넷에서 신청해야 합니다.

Kǎitè xiǎng zài wǎng shàng shēnqǐng HSK kǎoshì, dàn tā de yínhángkǎ zhīfù bu liǎo, suǒyǐ zhǐhǎo qǐng Jiāhéng bāngmáng.

06. 凯特想在网上申请HSK考试，但她的银行卡支付不了，所以只好请嘉恒帮忙。

케이트는 인터넷으로 HSK 시험을 신청하고 싶었지만, 은행카드로 지불이 되지 않았습니다. 그래서 지아헝에게 도움을 청할 수밖에 없었습니다.

Wàiguórén shēnqǐng yínhángkǎ shí, xūyào xiān tián yì zhāng biǎogé, ránhòu zài bǎ hùzhào hé zhè zhāng biǎo gěi yíngyèyuán.

07. 外国人申请银行卡时，需要先填一张表格，然后再把护照和这张表给营业员。

외국인이 은행카드를 신청할 때, 먼저 양식을 한 장 채운 후에, 여권과 이 서류를 직원에게 제출해야 합니다.

Nín yào bàn shénme yèwù?

08. 您要办什么业务？

당신은 어떤 업무를 처리하려고 하나요?

Huǒchē bùrú fēijī kuài.

09. 火车不如飞机快。

기차는 비행기보다 빠르지 않습니다.

Kǎitè dānxīn shēnqǐngbiǎo shàng yǒude Hànzì kànbudǒng.

10. 凯特担心申请表上有的汉字看不懂。(O)

케이트는 신청서에 있는 한자를 이해하지 못할까 봐 걱정한다.

Yínháng shēnqǐngbiǎo shàng bù xūyào qiānmíng.

11. 银行申请表上不需要签名。(X)

은행 신청서에 사인할 필요가 없다.

Bàn yínhángkǎ shí xūyào shūrù mìmǎ.

12. 办银行卡时需要输入密码。(O)

은행카드를 만들 때 비밀번호를 입력해야 한다.

제11과

Tā zuò shì hěn rènzhēn, cóngbù mǎhu.

01. 他做事很认真，从不(马虎)。

그는 일을 매우 열심히 해요, 절대 대충하지 않습니다.

Yìyuán de māma zhuānmén cóng Hánguó lái kàn tā.

02. 艺元的妈妈(专门)从韩国来看她。

예원의 어머니께서는 오직 그녀를 보기 위해 한국에서 오셨습니다.

Dàbùfēn niánqīngrén dōu yǒu áoyè de xíguàn.

03. 大(部分)年轻人都有熬夜的习惯。

대부분의 젊은 사람들은 모두 밤을 새는 습관이 있다.

Dàshǐguǎn ménkǒu shì jìnzhǐ tíngchē de.

04. (大使馆)门口是禁止停车的。

대사관 입구는 주차가 금지되어 있습니다.

Xià lǐbài, wǒ dǎsuàn qù Shànghǎi yí tàng.

05. 下(礼拜)，我打算去上海一趟。

다음 주에 저는 상하이에 한번 다녀올 계획입니다.

Dàbùfēn de yínháng dōu kěyǐ huànqián, qízhōng Zhōngguó yínháng lí zhèr zuì jìn, érqiě lǐbài liù yě kāimén.

06. 大部分的银行都可以换钱，其中中国银行离这儿最近，而且礼拜六也开门。

대부분의 은행은 모두 환전을 할 수 있어요. 그중에 중국은행이 여기서 가장 가깝고 게다가 토요일에도 열어요.

Rúguǒ yínhángkǎ diū le de huà, nǐ yīnggāi mǎshàng
gěi yínháng dǎ diànhuà, bànlǐ guàshī.

07. 如果银行卡丢了的话，你应该马上给银行打
电话，办理挂失。

만일 은행카드를 잃어버렸다면, 당신은 마땅히 바
로 은행에 전화해서 분실 신고 처리를 해야 합니다.

Wǒ de yínhángkǎ diū le.

08. 我的银行卡丢了。

제 은행카드를 잃어버렸습니다.

Wǒ xiǎng bǎ hányuán huànchéng rénmínbì. /
Wǒ xiǎng bǎ rénmínbì huànchéng hányuán.

09. 我想把韩元换成人民币。/
我想把人民币换成韩元。

저는 한국 돈을 런민삐(인민폐)로 환전하고 싶어요.
/ 나는 런민삐를 한국 돈으로 환전하고 싶어요.

Tā xiǎng qù yínháng qǔkuǎn.

10. 他想去银行取款。(X)

그는 은행에 돈을 인출 하러 가고 싶다.

Xīngqī liù yínháng kāi mén.

11. 星期六银行开门。(O)

토요일에 은행이 문을 연다.

Tā de qiánbāo lǐ méiyǒu xiànjīn.

12. 他的钱包里没有现金。(X)

그의 지갑에는 현금이 없다.

제12과

Zuìjìn, Kǎitè de xuéxí yālì hěn dà.

01. 最近，凯特的学习(压力)很大。

최근 케이트의 공부 스트레스는 매우 큽니다.

Xuéshēng yīnggāi yǎngchéng hǎo de xiāofèi xíguàn.

02. 学生应该(养成)好的消费习惯。

학생은 마땅히 좋은 소비 습관을 길러야 합니다.

Jīngguò duōnián de nǔlì, tā zhōngyú chénggōng le.

03. 经过多年的努力，她终于(成功)了。

다년간의 노력을 거쳐 그녀는 결국 성공했습니다.

Wēixìn bǎngdìng yínxíngkǎ shí, shǒujī huì shōudào
yànzhèng duǎnxìn.

04. 微信绑定银行卡时，手机会收到验证(短信)。

위챗에 은행카드를 등록할 때, 핸드폰에 인증 문자
를 받습니다.

Wǒmen yìqǐ qù zhǎo Yìyuán shāngliang ba, tā kěnéng
huì yǒu hǎo zhǔyi.

05. 我们一起去找艺元商量吧，她可能会有好
(主意)。

우리 함께 예원이를 찾아서 상의해봅시다, 그녀는
좋은 아이디어가 있을 겁니다.

Nǐ píngshí xǐhuan yùndòng ma?

06. A: 你平时喜欢运动吗?

당신은 평소에 운동을 하나요?

Duìyú wǒ lái shuō, yùndòng shì yìzhǒng yālì.

B: 对于我来说，运动是一种压力。

저에게 운동은 일종의 스트레스입니다.

Nà jiàn yí wàn èr de wàitào mǎi le ma?

07. A: 那件一万二的外套买了吗?

그 1만 2천 위엔 하는 외투 샀나요?

Tài guì le, wǒ mǎibuqǐ.

B: 太贵了, 我买不起。

너무 비싸서 저는 살 수 없어요.

Qǐng shè yí ge zhīfù mìmǎ.

08. 请设一个支付密码。

결제 비밀번호를 설정하세요.

Nǐ kěyǐ shēnqǐng yì zhāng xìnyòngkǎ.

09. 你可以申请一张信用卡。

당신은 신용카드를 한 장 신청할 수 있습니다.

chénggōng le

10. A. 成功了   성공했다

shībài le

B. 失败了   실패했다

bù zhīdào

C. 不知道   모른다

méiyǒu shuō

D. 没有说   말하지 않았다

hǎojiǔ méi jiànmiàn

11. A. 好久没见面   오랫동안 만나지못했다

hǎojiǔ méi xuéxí

B. 好久没学习   오랫동안 공부하지 않았다

hǎojiǔ méi huíjiā

C. 好久没回家   오랫동안 집에 가지 않았다

hǎojiǔ méi hē kāfēi

D. 好久没喝咖啡   오랫동안 커피를 마시지
                  않았다

méiyǒu tí

12. A. 没有提   언급하지 않다

wúsuǒwèi

B. 无所谓   상관없다

bù tóngyì

C. 不同意   동의하지 않는다

tóngyì

D. 同意   동의한다

● 저자약력

중국인 저자

翟希玲

- 北京语言大学 硕士毕业
- 天津韩国国际学校 汉语部教师 (HSK6级指导教师)
- 汉语水平考试监考 (取得资格证)
- 13年对外汉语教学经验

郑京顺

- 天津韩国国际学校 汉语部教师 (HSK6级指导教师)
- 汉语水平考试监考 (取得资格证)
- 15年对外汉语教学经验

한국인 저자

김성훈

- 아주대학교 다산학부대학 겸임교수
- 서울사이버대학교 위즈덤 교양대학 객원교수
- 수원 유신고등학교 중국어 교사
- 중국 공자학원 한어수평고시(HSKK) 시험감독관 역임
  (총책임관 자격증 취득)
- 그루브한 기초중국어 회화 교재 집필(2022, 동인랑)

심희연

- 아이런중국어 컨텐츠 대표
- 유튜브 채널 중국어 사용설명서 디렉터
- 성균관대학교 중국어교육학 석사 수료
- 한양대학교 중어중문학과 졸업

新HSK 4·5급
시험과 실전회화를 함께 학습하는
실용 **중국어 회화**

초판 인쇄	2023년 5월 10일
초판 발행	2023년 5월 10일

발 행 인 김인숙
발 행 처 ㈜ 동인랑
Editorial Director 김인숙
Designer design86
Illustrator 612일러스트

인　　쇄 삼덕정판사
주　　소 01803 서울시 노원구 공릉동 653-5
대표전화 02-967-0700
팩시밀리 02-967-1555

출판등록 제6-0406호

ISBN 978-89-7582-605-4 (13720)
정가 16,500원

MP3서비스
www.donginrang.co.kr
webmaster@donginrang.co.kr